SÖHNE!

Gebrauchsanweisung für Mütter

Eden
BOOKS

INHALT

KAPITEL

UND SONST ...

WORK SHOPS

INTERVIEWS

WAS IST DAS NUR MIT JUNGEN UND ...

Und außerdem

Was nicht in diesem Buch zu finden ist ...

Alles über Väter und Töchter, ein Interview mit einer Balletttänzerin, Jahreszahlen, Börsenberichte, Pusteblumen, ein Bericht eines verunglückten Bergsteigers, die Geschichte des Zeppelins, die Geschichte der Nordpolexpedition, ein Italienischkurs.

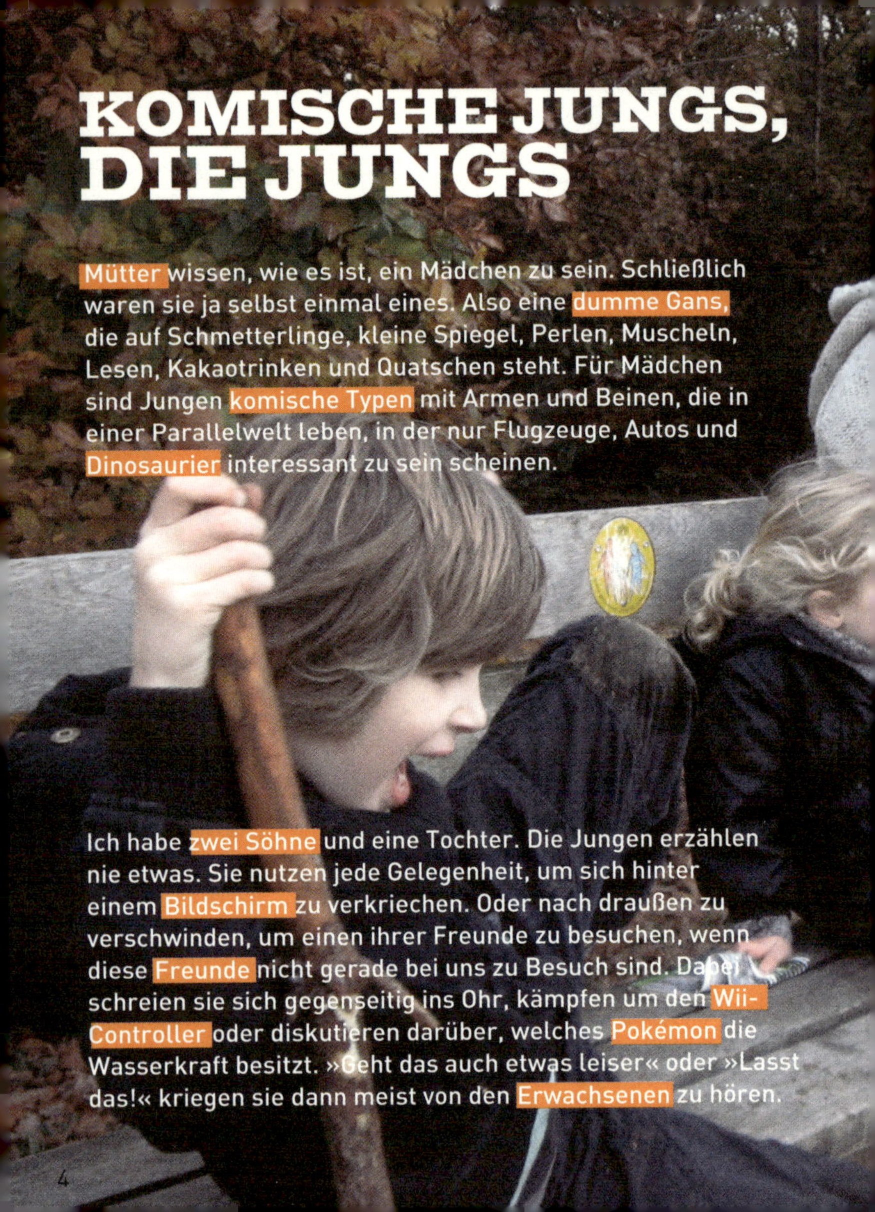

KOMISCHE JUNGS, DIE JUNGS

Mütter wissen, wie es ist, ein Mädchen zu sein. Schließlich waren sie ja selbst einmal eines. Also eine dumme Gans, die auf Schmetterlinge, kleine Spiegel, Perlen, Muscheln, Lesen, Kakaotrinken und Quatschen steht. Für Mädchen sind Jungen komische Typen mit Armen und Beinen, die in einer Parallelwelt leben, in der nur Flugzeuge, Autos und Dinosaurier interessant zu sein scheinen.

Ich habe zwei Söhne und eine Tochter. Die Jungen erzählen nie etwas. Sie nutzen jede Gelegenheit, um sich hinter einem Bildschirm zu verkriechen. Oder nach draußen zu verschwinden, um einen ihrer Freunde zu besuchen, wenn diese Freunde nicht gerade bei uns zu Besuch sind. Dabei schreien sie sich gegenseitig ins Ohr, kämpfen um den Wii-Controller oder diskutieren darüber, welches Pokémon die Wasserkraft besitzt. »Geht das auch etwas leiser« oder »Lasst das!« kriegen sie dann meist von den Erwachsenen zu hören.

Meine **Tochter** verhält sich da vollkommen anders. Sie erzählt alles Mögliche, kommentiert wie ein Zahnarzt alles, was sie tut. Ihr fällt es auf, wenn ihre **Mutter** neue Schuhe hat oder beim Friseur gewesen ist. Sie kann außerdem ganz genau erklären, was sie will, und weiß auch, wie sie es bekommen kann. Dreimal dürfen Sie raten, wer immer bei Mama auf dem Schoß sitzt.

Während Mädchen auf andere Menschen und die kleinen zwischenmenschlichen Dinge achten, ziehen Jungen sich in ihre ganz eigene **Jungenwelt** voller mechanischer Zusammenhänge und **unaussprechlicher Gefühle** zurück. Eine Welt, die für Frauen oft aggressiv und seltsam wirkt.

Dieses Buch soll Müttern zeigen, dass die Welt der Jungen reicher, verletzlicher und **sanfter** ist, als viele Mädchen (das heißt Mütter) denken. Es will Mütter **ermutigen,** sich dieser Welt zu öffnen. Um ihren Söhnen zu helfen, aus ihrer **Jungenseifenblase** herauszukommen. Aber auch, um von den Jungen zu lernen. Wenn man einen Sohn hat, hat man die einzigartige Chance, die **Jungenwelt** von innen kennenzulernen. Diese magische Welt mit dunklen Verbündeten, Fantasietieren, abstrakten Zusammenhängen, **unerfüllbaren Träumen** und geheimen Lieben.

Gerard Janssen

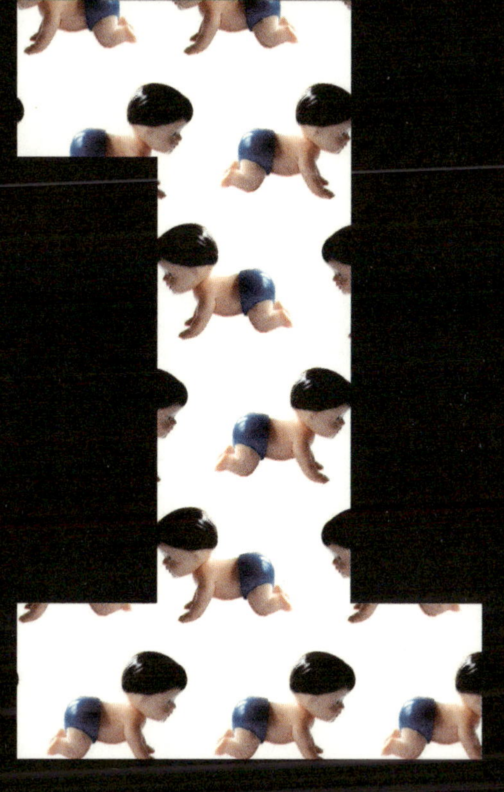

DIE MUTTER

Bemuttern heißt nicht nur »lieb sein« und immer eine Tasse Kakao bereitstellen. Es gehört ganz klar mehr dazu. Die ideale Mutter ist ein Problemlöser, sie gerät niemals in Panik und backt ganz nebenbei leckere Kekse.

MAMA IST DIE BESTE

Söhne haben die besten Ideen, viel Energie, arbeiten gern mit ihren Händen und haben eine Schwäche für Feuer und Waffen. Manchmal geht allerdings etwas schief und es müssen Emotionen besänftigt und Spuren verwischt werden. Da kommt die Mutter ins Spiel. Denk einfach an Harvey Keitel im Film »Pulp Fiction«: »Ich bin Mr. Wolf, ich löse Probleme.«

Stell dir vor, es ist etwas Blödes passiert: ein Glas Milch über die Hausaufgaben, ein umgefallenes Tintenglas, eine DVD, die nicht mehr funktioniert, ein blutender Finger oder Zahnschmerzen. Da betritt die Mutter die Szene. Sie bleibt ruhig und beherrscht, fragt ohne jeglichen Vorwurf, was passiert ist. Sie zieht Müllbeutel, Handtücher und Bleichmittel aus dem Schrank, macht die DVD sauber, verbindet einen Finger und räumt in wenigen Sekunden ein Riesendurcheinander auf. Sie weiß alles über schmerzstillende Kräuter und Salben gegen Juckreiz. Und sie macht den leckersten Kakao der Welt.

Doch das ist nicht alles. Eine richtig tolle Mutter kann noch viel mehr als Mr. Wolf. Eine echte Mutter lächelt lieb, hat ein Leuchten in ihren Augen und alle Freunde sind ein bisschen in sie verliebt. Sie macht Witze, brät kleine Pfannkuchen, kocht die leckerste Suppe und irgendwie schafft sie es, dass ständig Kuchen oder Kekse im Ofen backen. Wo eine Mutter ist, werden Probleme gelöst und es riecht gut.

MÜTTER KÖNNEN:

Ölfarben entfernen
einen Korb flechten
Blumen arrangieren
Beerenflecken auswaschen
Schmerzen stillen
einen Tennisschläger reparieren
Krapfen backen
verwundete Vögel versorgen
verstopften Nasen helfen
Hustenreiz vertreiben
Schokoladenmousse zubereiten
eine Brühe kochen
die Zeit anhalten
Müll verschwinden lassen
Beweismaterial entsorgen
Alibis verschaffen
Gedanken lesen
einen Pullover stricken
einen Judoanzug flicken
einen Baum schneiden
Haare entwirren
praktisch denken
mehrere Dinge gleichzeitig

WARUM ARBEITENDE MÜTTER RECHT HABEN

Geld ist wichtig. Kinder von armen Müttern haben es schlechter als Kinder von Müttern mit Geld. Es ist daher besser zu arbeiten und das Kind von jemandem betreuen zu lassen, als nicht zu arbeiten und zu wenig Geld zu haben. Außerdem haben Kinder lieber eine Mutter, mit der sie angeben können, weil sie etwas Cooles macht: zum Beispiel bei McDonald's arbeiten oder Bus fahren.

MÜTTER MACHEN ES NIE RICHTIG

Mütter haben schnell Schuldgefühle. So sehr sie auch beteuern, dass sie absolut hinter ihrer Entscheidung stehen – ganz gleich ob Hausfrau oder arbeitende Mutter, irgendwann kommen die Zweifel, ob man sich richtig entschieden hat. Und die Zweifel scheinen berechtigt, denn es gibt sowohl Untersuchungen, die belegen, wie wichtig es ist, dass Mütter zu Hause bleiben, als auch andere, die die Mütter darin bestärken, arbeiten zu gehen. Das Gute daran ist, dass jede Mutter ihre Entscheidung mit dem Hinweis auf die eine oder andere Untersuchung verteidigen kann.

Viele Mütter fühlen sich schuldig, wenn sie ihr Kind bei der Kinderbetreuung abgeben. Gerade am Anfang. Aber müssen sie das? Wir fragten Saskia Keuzenkamp.

SCHULDIG

Saskia Keuzenkamp ist außerordentliche Professorin für Vergleichende Internationale Emanzipation an der Fakultät für Sozialwissenschaften der Freien Universität Amsterdam. Sie hat untersucht, wie es sich auf die Entwicklung der Kinder auswirkt, wenn ihre Mütter arbeiten.

Ist es falsch, Kinder in eine Kinderkrippe zu geben?

»Möglicherweise wäre eine Frau selbst glücklicher, wenn sie für die Kinder zu Hause bleiben könnte, aber für das Wohlbefinden der Kinder ist das nicht notwendig. Es gibt Untersuchungen darüber, wie es sich auf die Entwicklung der Kinder auswirkt, wenn deren Mütter zu Hause bleiben oder berufstätig sind. Die zentrale Frage dabei war: Haben Kinder in traditionellen Ernährerfamilien – in denen der Mann arbeitet und die Frau für die Kinder zu Hause bleibt – weniger psychosoziale oder gesundheitliche Probleme als Kinder, die mit zwei berufstätigen Elternteilen aufwachsen? Es hat sich gezeigt, dass dies nicht der Fall ist. Kinder berufstätiger Eltern entwickeln sich ebenso gut wie Kinder, bei denen sich ein Elternteil ausschließlich um die Erziehung kümmert.«

Viele Mütter fühlen sich trotzdem schuldig, wenn sie ihre Kinder in eine Krippe bringen.

»Dieses Schuldgefühl hat mit unserer Kultur zu tun. Immer noch betrachten viele die Kinderkrippe als einen Ort, an den man sein Kind abschiebt. In Dänemark ist man dagegen der Ansicht, dass man seinem Kind schadet, wenn man es nicht in eine Krippe bringt. Denn dort gibt es pädagogisch geschulte Betreuerinnen, die die Entwicklung eines Kindes gezielt fördern können.«

Für Kinder ist es doch schön, wenn die Mutter immer zu Hause ist.

»Das wurde in Amerika untersucht und die Ergebnisse waren überraschend. Die Fragestellung an die Eltern war: ›Was werden Ihre Kinder Ihrer Meinung nach antworten, wenn man sie fragt, ob sie sich wünschen, dass ihre Eltern häufiger zu Hause sind?‹ Alle Eltern gingen davon aus, dass ihre Kinder das gut finden würden. Doch das war überhaupt nicht der Fall. Die Kinder waren gerade stolz auf die Arbeit ihrer Eltern und auf das, was diese in der Gesellschaft darstellten. Dass sie bei der Gemeinde arbeiteten oder als Arzt. Das Einzige, was die Kinder nicht gut fanden, war, dass ihre Eltern gestresst von der Arbeit nach Hause kamen. Und dass sie ihnen dann wenig Beachtung schenkten.«

Also geht eine gute Mutter ein paar Monate nach der Geburt wieder zur Arbeit?

»Ja, arbeiten gehen ist in den meisten Fällen eine kluge Entscheidung. Wir wissen nämlich, dass Armut eine der wichtigsten Ursachen für das Entstehen von problematischem Verhalten bei Kindern ist. Einige Ehen enden ja in einer Scheidung und die Unterhaltszahlungen hören nach ein paar Jahren auf. Wenn Mütter dann kein eigenes Einkommen haben, kann der Lebensstandard schnell sinken. Aber ob die Arbeit eine Vollzeitstelle sein muss ...

Mir persönlich gefällt das sogenannte Zwei-mal-vier-Modell sehr gut, bei dem sowohl der Vater als auch die Mutter vier Tage in der Woche arbeiten. Dann braucht man die Kinderkrippe an drei Wochentagen und hat außerdem noch reichlich Zeit für viele gemeinsame Unternehmungen mit seinem Kind.«

WARUM
HAUSFRAUEN RECHT HABEN

Es macht einfach Spaß, mit den Kindern zu basteln oder zu kneten. Eine schöne Tasse Tee und jede Menge Buntstifte auf den Tisch – und schon geht es los mit dem Malen. Und wieso nicht nebenbei Geld verdienen? Mit meiner Nähmaschine mache ich aus Stoffresten Girlanden, die ich über meinen Webshop verkaufe. Da klingelt die Kasse!

HAUSFRAUEN

Lauk Woltring hat ein eigenes Beratungsbüro und gibt schon seit Jahren Kurse darüber, wie man mit Jungen in der Kinderbetreuung, der Mittagsbetreuung, der Jugendhilfe, im Unterricht oder in der Verkehrserziehung umgehen sollte. Er sieht die Unterbringung von Kindern in der Kinderbetreuung durchaus skeptisch.

In Skandinavien ist man der Auffassung, dass man seinen Kindern etwas vorenthält, wenn man sie nicht in eine Krippe bringt.

»Die Kinderbetreuung in Skandinavien hat ein viel höheres Niveau als in vielen anderen Ländern. Die Betreuerinnen haben leider oft einen niedrigen Ausbildungsstand und versuchen vor allem, die Kinder zu beruhigen. Sie sind auch nicht immer ausreichend pädagogisch geschult. Untersuchungen von Lieselotte Ahnert von der Universität Berlin im Jahr 2006 haben gezeigt, dass Mädchen viel häufiger eine enge Beziehung zu den Erzieherinnen entwickeln als Jungen. Der Rückschluss daraus war, dass die Erzieherinnen im Durchschnitt eine viel bessere Beziehung zu den Mädchen haben als zu den Jungen. Und kleine Jungen nehmen durch diese schlechte Bindung in jungen Jahren wirklich Schaden. Sie passen sich zwar an, aber das Elend tritt später zutage, wenn sie wie führerlose (nachtragende) Geschosse durch die Pubertät fliegen. Das klingt witzig, ist es aber nicht!«

Woran liegt das?

»Der überwiegende Teil der Erzieher in einer Kinderbetreuung sind Frauen. Ihre Art der Betreuung passt besser zu den Bedürfnissen der Mädchen als zu denen der Jungen.«

Was sollte sich ändern?

»Es ist wichtig, sich den Unterschieden zwischen Jungen und Mädchen mehr zu öffnen. Das Verhalten der Jungen muss mehr Wertschätzung erfahren. Jungen lieben es, sich zu bewegen, Dinge zu erforschen, zu raufen und sich aneinander zu messen. Betreuerinnen haben oft ihre Probleme damit. Das bedeutet: Frauen müssen besser für den Umgang mit Jungen geschult werden und vor allem müssen mehr Männer in die Kinderbetreuung.«

Sollte man dann als Mutter lieber nicht arbeiten gehen, wenn Jungen in einer Kinderkrippe nicht so gut aufgehoben sind?

»Nein, denn es ist natürlich toll, wenn gerade Kinder aus kleinen Familien mit Altersgenossen zusammenkommen. Aber sorgen Sie dann dafür, dass Ihr Mann viel zu Hause ist. Sie können zum Beispiel beide je vier Tage arbeiten und die Kinder an drei Tagen betreuen lassen. Ich persönlich finde zwar drei Tage Fremdbetreuung noch zu viel, aber das ist von Kind zu Kind und je nach Eltern unterschiedlich.«

WAS FÜR EINE MÜTTER BIST DU?

☆☆☆☆☆☆☆☆☆☆☆☆☆☆☆

In die Brotdose deines Sohnes packst du immer ...

1

a. zwei Bagels. Butterbrote sind spießig.
b. eine Tüte Chips, schnell und einfach hergerichtet.
c. eine Handvoll Süßigkeiten, wir haben nämlich einen guten Zahnarzt.
d. selbst gebackenes Bio-Vollkornbrot mit Omega-3-Fettsäuren.

Auf dem Sportplatz. Am Spielfeldrand.

2

a. Draußen Sport treiben? Wie altmodisch. Meine Kinder gehen in einen Fitnessclub.
b. Sportplatz? Ich bleibe lieber zu Hause.
c. Da trage ich meine kürzesten Hotpants aus Leder. (So viele Männer treffe ich sonst nirgendwo.)
d. Da zeige ich den anderen Sportmüttern meine selbst gemachten Geburtstagsgirlanden.

3 Damit dein Sohn nicht die ganze Zeit vor dem Bildschirm sitzt ...

a. erlaubst du ihm, mit deinem iPhone zu spielen.
b. wirfst du ihm eine Tüte Chips ein paar Meter neben den Bildschirm.
c. drohst du ihm, dass du sonst »den neuen Papa« anrufst, damit er bei euch übernachtet.
d. sagst du sanft und ruhig, dass er den Computer ausschalten soll.

4 Die Freunde deines Sohnes nennen dich ...

a. Die Freunde meines Sohnes kennen mich nicht. Sie finden aber den Babysitter-Roboter mit der eingebauten Webcam toll.
b. Eucalypta.
c. Keine Ahnung. Ich weiß nur, wie ich ihre Väter nenne.
d. Ohne Ausnahme alle »Mama«.

ÜBERWIEGEND A:
Du hast eine Nase für das Richtige. Du solltest eine Firma eröffnen, die Trends vorhersagt.

ÜBERWIEGEND B:
Einfache Lösungen machen keine Mühe. Lass andere ruhig reden. Wenn du so weitermachst, wirst du vielleicht 115.

ÜBERWIEGEND C:
Alleinerziehende Mutter. Hoffentlich.

ÜBERWIEGEND D:
Pathologische Lügnerin.

MÜTTER IM REICH DER TIERE

Jungen sind anders als Mädchen. Doch wie sieht das eigentlich bei unseren nächsten Verwandten aus, den Menschenaffen? Sind männliche Äffchen anders als weibliche? Und gibt es in der Tierwelt eine typische Mutter-Sohn-Beziehung? Wir fragten Professor Jan van Hooff, Professor für Verhaltensforschung im Ruhestand.

Gibt es Unterschiede im Spielverhalten zwischen Jungen- und Mädchenaffen?

»Unsere nächsten Verwandten, die Schimpansen und die Bonobos, kennen eigentlich nur eine Form des Spiels: ›gegenseitiges Anfassen‹, im buchstäblichen und im übertragenen Sinn. Bei weiblichen Primaten verschwindet das Spielverhalten mit zunehmendem Alter. Bei männlichen Primaten lässt der Spieltrieb nicht nach. Er wird nur körperlicher und rauer. Männliche Tiere raufen und kämpfen mehr während des Spiels. Spiel dient bei ihnen nicht nur dem Vergnügen, sondern auch dem Kräftemessen. Und sie lernen dabei, wie weit sie gehen können.«

Gibt es bei den Affen einen Unterschied zwischen der Mutter-Sohn- und der Mutter-Tochter-Beziehung?

»Bei vielen Affenarten verlassen Söhne die Eltern leichter als Töchter. Weibchen sind oft die Sesshafteren. Sie bleiben eher in dem Gebiet, in dem sie geboren sind, und sterben auch in der Gruppe, in der sie aufgewachsen sind. Die Männchen trennen sich meistens von der Gruppe, wenn sie erwachsen werden, außer bei den Schimpansen und Bonobos. Bei den Bonobos sind Mutter und Sohn ihr ganzes Leben lang stark aufeinander fixiert. Sie sorgen füreinander. Der Einfluss der Mutter auf den Rang ihres Sohnes in der Gruppe ist groß. Eine dominante Mutter kann ihrem Sohn helfen. Sie setzt ihn auf den Thron. Dank der Unterstützung ihrer Mütter erreichen männliche Bonobos einflussreichere Positionen. Bei den Schimpansen, unseren nächsten Verwandten, ist dies anders. Dort bilden die Männer den Kern der Gruppen, eine Art Männerbrüderschaft. Die Söhne brauchen da die Unterstützung ihrer Mütter nicht. Männchen orientieren sich an anderen Männchen und sehen in den Weibchen vor allem Geschlechtspartner.«

Ähneln Menschen eher den Bonobos oder den Schimpansen?

»Der Mensch ist eine ganz eigene Art. Es ist zwar so, dass bei den Menschen die Söhne oft weiter von zu Hause weggehen als die Töchter. Bei Menschen bilden Männer spezielle Männerclubs und Männer verlassen sich nicht grundsätzlich auf ihre Mütter, wenn sie älter sind. Doch in anderer Hinsicht ähnelt das Verhalten der Menschen eher dem kleiner Affenarten wie den Seidenäffchen und Tamarinden. Sie teilen sich wie die Menschen die elterliche Fürsorge. Da die Babyäffchen in Relation zu den Eltern sehr groß sind, ist die Hilfe der Männchen nötig, um die Jungen herumzutragen. Genau wie bei uns entstehen aus diesem Grund Paarbeziehungen.«

Die Anthropologin Sarah Hrdy vergleicht die ersten Menschen mit Schimpansen, die sich verhalten wie Marmosetten. Die zu dieser Gattung gehörenden Seidenaffen sehen einander in die Augen, setzen Mimik ein und helfen einander beim Aufziehen des Nachwuchses. Sie ist der Auffassung, dass diese gemeinsame Aufzucht, bei der Großmütter, Väter, Freundinnen und Erzieherinnen mithelfen, die Basis der menschlichen empathischen Fähigkeiten bildet. Ein Junges, das nicht nur von seiner Mutter beschützt wird, muss fortwährend das Verhalten der anderen Versorger im Blick behalten, um zu kontrollieren, ob sie noch gut für es sorgen. Einfühlungsvermögen ist für dieses Junge daher sehr wichtig. Aus Untersuchungen ging hervor, dass auch bei Menschenkindern mit älteren Geschwistern das Einfühlungsvermögen größer ist. Dies gilt auch für Kinder, die von mehreren Bezugspersonen versorgt werden.

DOs & DON'ts FÜR EINE PERFEKTE MUTTER

Eine perfekte Mutter hat einen idealen Teilzeitjob, eine sensationelle Kinderbetreuung und ein flexibel organisierbares Leben. Wenn du vielleicht keine ganz so perfekte Mutter bist, kannst du ja so tun, als ob.

DOs

- Kauf dir ein Transportfahrrad mit viel Stauraum.

- Besorg dir eine Tafel und schreib deine Planung (inklusive des Speiseplans) für die kommenden zwei Monate darauf.

- Leg einen großen Terminkalender auf den Tisch und einen Bleistift daneben. Schreib alle Termine hinein und zeichne Blümchen auf die leeren Stellen.

- Lass Bücher herumliegen mit Titeln wie »Zen in der Hausarbeit«.

- Im Supermarkt: Sag dir die Einkaufsliste auswendig vor und häng dir deinen Sohn in einem Tragesack um.

- Kauf Großhandelsportionen von Kleingebäck, Reiswaffeln und Omega-3-Tabletten.

- Wenn eine Lehrerin dich sprechen will, sag: »Dann muss ich eben einen Termin verlegen, kein Problem.«

DON'ts

- Zugeben, dass du auf das alles absolut keine Lust mehr hast.
- Lachanfälle.
- Mit deinem Smartphone herumspielen.
- Chips essen.
- DVDs schauen.
- Gedankenlos Wein trinken.
- Zeitschriften lesen.
- Weinen.
- Das Mittagsprogramm im Fernsehen anschauen.

Mütter von Söhnen dürfen mit Recht erhobenen Hauptes durch die Straßen stolzieren. Töchter auf die Welt zu bringen, ist im Vergleich mit der Geburt eines Sohnes einfach.

SÖHNE SIND HEAVY SHIT

Mütter von Söhnen haben eine kürzere Lebenserwartung als Mütter, die viele Töchter haben. Jeder Sohn verkürzt das Leben einer Mutter im Durchschnitt um bemerkenswerte 34 Wochen. Zumindest bei den Saami (auch Lappen genannt) zwischen 1640 und 1870 war das so. Das haben finnische Forscher herausgefunden. Sie untersuchten Kirchendokumente aus dieser Zeit auf Hinweise, die auf einen Zusammenhang zwischen der Familienzusammensetzung und dem Sterbealter der Mutter hindeuten. Das Alter, in dem die Mütter starben, hing offensichtlich nicht von der Zahl der Kinder insgesamt ab, sondern von der Zahl der Söhne.

Wie es dazu kommt? Die finnischen Biologen lieferten mehrere Erklärungen für ihre Erkenntnisse. Da der Kopf eines Jungen im Allgemeinen größer ist als der eines Mädchens, ist es für die Frau deutlich schwerer, einen Sohn zu gebären als eine Tochter. Außerdem ist bekannt, dass das Testosteron, das der männliche Fötus produziert, das Immunsystem der Mutter schwächt. Bekommt eine Mutter mehrere Söhne, kann es passieren, dass das Immunsystem dieser Mutter schneller altert. Und zu guter Letzt ist es so, dass Mütter in ihrem alltäglichen Leben von Töchtern viel mehr unterstützt werden als von Söhnen.

Der Jungen-Effekt ist heutzutage nicht mehr so deutlich nachweisbar, da Mütter nicht mehr so viele Kinder auf die Welt bringen und dank der modernen Medizin Ansteckungen und Krankheiten nicht mehr so ernsthafte Auswirkungen haben.

Und doch scheint es noch heute schwerer zu sein, einen Jungen zu gebären und aufzuziehen als ein Mädchen. Psychologen der Universität Nancy veröffentlichten Ende 2007 einen Artikel über die Lebensqualität von 181 französischen Müttern. Die Forscher befragten die Frauen nach ihrer Gesundheit, ihrem körperlichen Zustand, nach Schmerzen und mentalem Befinden. Die Antworten machten deutlich, dass die Mütter von Söhnen es oft schwerer haben als die von Töchtern. Eine mögliche Erklärung ist, dass sie nicht genau wissen, wie sie mit Jungen kommunizieren sollen. Deshalb: unbedingt dieses Buch lesen!

Ein Junge kann was vertragen. Wenn er ohne Jacke nach draußen geht, bekommt er nicht gleich eine Lungenentzündung. Und wenn das Knie blutet, nachdem er gefallen ist, muss nicht immer gleich ein Verband her. Wenn ein Junge hinfällt, muss er die Möglichkeit bekommen, den Schmerz zu überwinden und weiterzumachen. Wenn er merkt, dass ihm das gelingt, stärkt das sein Selbstvertrauen.

ÜBERBESORGTE MÜTTER

Checkliste für überbesorgte Mütter

- ☐ Ich schreie lauter als mein Sohn, wenn er von der Schaukel fällt.
- ☐ Wenn er mit seinem Dreirad herumfahren will, setze ich ihm vorsichtshalber einen Fahrradhelm auf.
- ☐ Ich säubere meine Hände mit reinem Alkohol, bevor ich ihm ein Butterbrot schmiere.
- ☐ Ich lasse ihn jeden Tag einen Liter Yakult trinken.
- ☐ Er muss Vitamintabletten nehmen.
- ☐ Ohne Mütze und Schal darf er im Winter nicht das Haus verlassen.
- ☐ Er muss seine orangefarbene Jacke mit den fluoreszierenden Streifen anziehen, damit Autofahrer ihn schon aus einem Kilometer Entfernung sehen können.
- ☐ Er muss jeden Tag üben, mit verbundenen Augen von seinem Schlafzimmer zur Haustür zu laufen.
- ☐ Im Schlafzimmer hängt ein Poster »Was tun bei Erdbeben?«.
- ☐ Er hat immer eine Trillerpfeife an einer Kette um den Hals hängen.

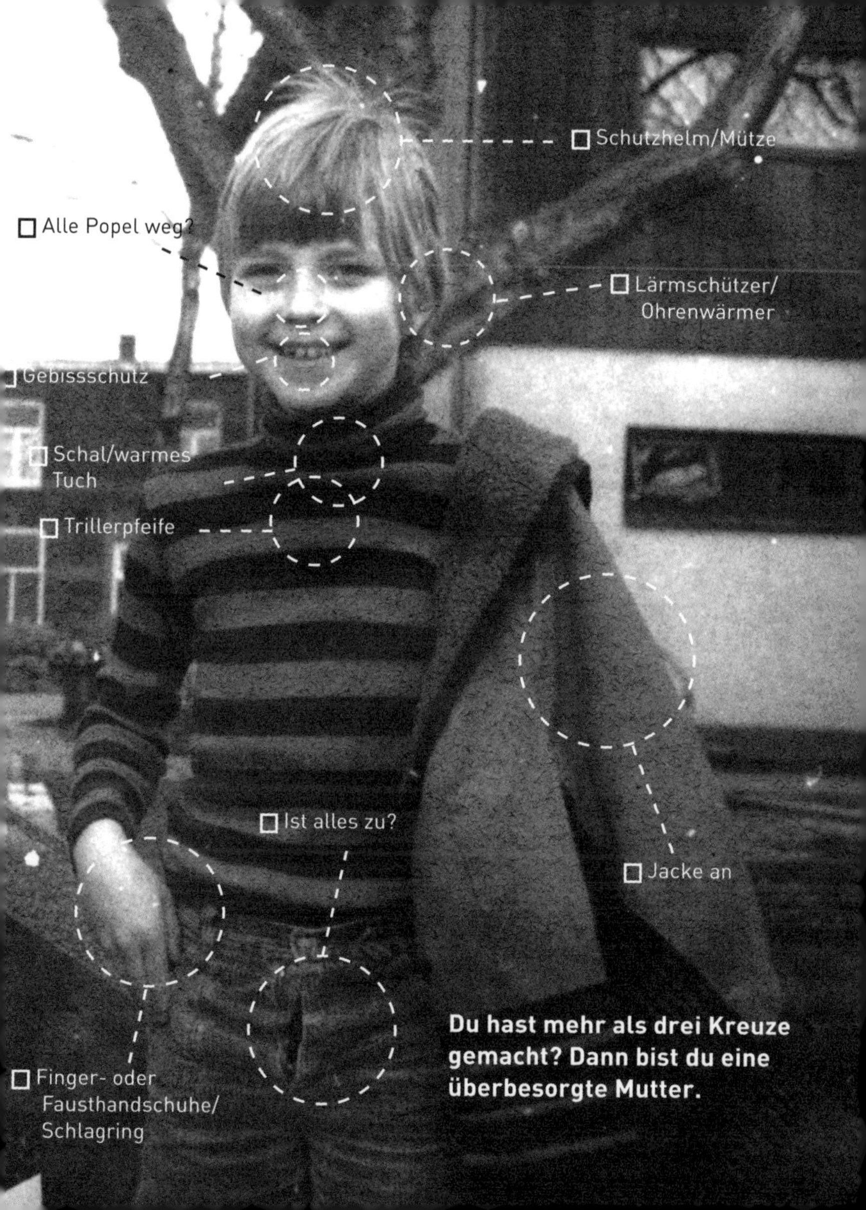
☐ Schutzhelm/Mütze
☐ Alle Popel weg?
☐ Lärmschützer/ Ohrenwärmer
☐ Gebissschutz
☐ Schal/warmes Tuch
☐ Trillerpfeife
☐ Ist alles zu?
☐ Jacke an
☐ Finger- oder Fausthandschuhe/ Schlagring
Du hast mehr als drei Kreuze gemacht? Dann bist du eine überbesorgte Mutter.

DAS H-WORT

Den meisten Jungen ist ihre Frisur nicht so wichtig. Wie ihre Haare sitzen, ist ihnen ziemlich egal. Einige wissen nicht einmal, ob sie nun langes oder kurzes Haar haben. Mütter können darum mit ihren Söhnen machen, was sie wollen. Sie können deren Haar lang wachsen lassen, wie es die meisten Celebrity-Mütter tun. Sie können ihrem kleinen Sohn auch eine professionelle Stoppelfrisur schneiden lassen. Es macht den Jungs meistens nichts aus. Was ein Junge allerdings nervig findet, ist, wenn seine Mutter ständig an seinen Haaren herumfummelt und – was noch viel schlimmer ist – über seine Haare redet.

Einige Mütter scheinen nur noch die Frisur zu sehen. Wenn ihr Sohn nach einem Fußballspiel das Feld verlässt, heißt es: »Du musst unbedingt mal wieder zum Friseur.« Wenn er bei einer Schultheateraufführung brilliert hat, murmeln sie: »So sitzt dein Haar gut. Das steht dir prima.« Um anschließend mit beiden Händen hindurchzufahren. Jungen finden das merkwürdig. Und vielleicht ist es das ja auch.

HORO SKOP

Steinbock

Steinbock ist ein Erdzeichen, das von Saturn beeinflusst wird. Der Steinbock ist nie zufrieden, wenn es um Süßigkeiten und Spielzeug geht. Steinböcke können stundenlang vor dem Computer oder einem anderen Bildschirm verbringen. Wenn sie etwas ausmalen, versuchen sie, das sehr genau zu tun, aber das klappt oft nicht so gut. Ein Steinbock strauchelt häufig, doch keine Sorge: Wo ein Wille ist, ist auch ein Weg.

Wassermann

Ein Wassermann ist ein seltsames Kerlchen. Er denkt, dass er alles sofort begreift, und muss die gerade erworbene Weisheit unbedingt gleich seiner Umwelt mitteilen. Kleine Wassermänner wissen alles über Dinosaurier und wollen auch alles darüber erzählen. Außerdem sind sie Entdecker, die gern etwas in Brand stecken oder aus großer Höhe auf den Boden fallen.

2

ACTION & JUNGEN

WROOOAR

Jungen sind aggressiver als Mädchen. Und aggressives Verhalten ist schlechtes Verhalten. Also sind Jungen schlechter als Mädchen. Logisch, oder? Ja, aber es stimmt trotzdem nicht wirklich. Aggressives Verhalten ist nämlich nicht immer schlecht. Aggression hat auch damit zu tun, sich etwas zu trauen und etwas unbedingt zu wollen. Um das zu verstehen, ist es sinnvoll, das Wissen über das Verhalten unserer Vorfahren ein wenig aufzufrischen.

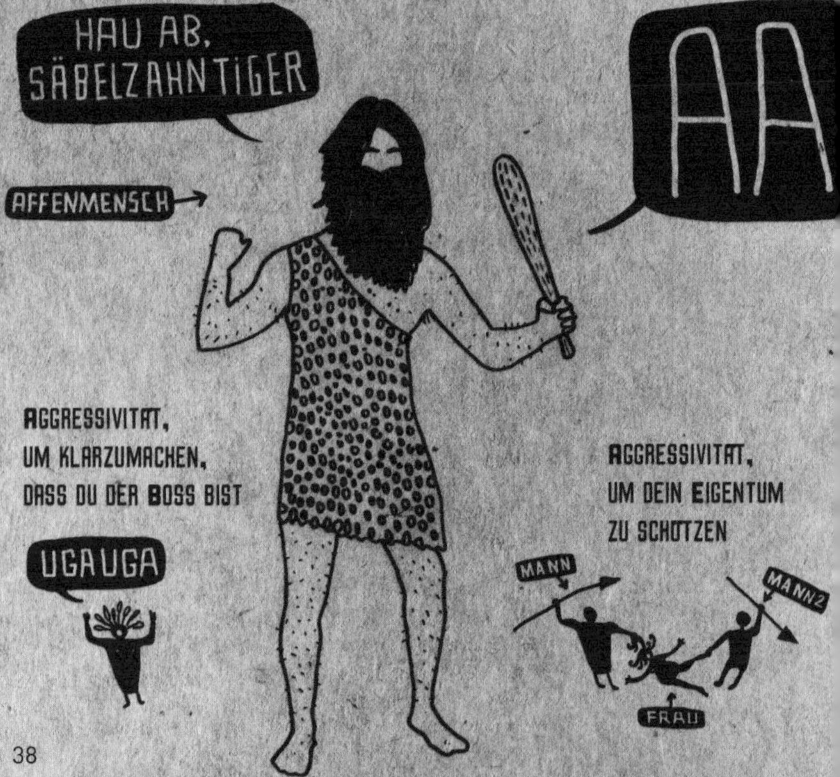

RR, GRRRR
HRG
BRÜLLSCHREI
HAU AB, QUÄLGEIST!
JUNGE
AGGRESSIVITÄT, UM KLARZUMACHEN, DASS DU DER BOSS BIST
STAR-WARS-LASERSCHWERT
ICH FÜHLE DIE DUNKLE SEITE DER MACHT.
HUND DER NACHBARN
AGGRESSIVITÄT, UM DEIN EIGENTUM ZU SCHÜTZEN
MEINS
MEINS
NINTENDO DS

JUNGEN UND MEDIEN

Am liebsten hätte er den ganzen Tag über eine Brille auf, in der sich kleine Bildschirme befinden. Ob es nun das Internet ist, Fernsehen oder Computerspiele. Wie kannst du als ziemlich moderne, aber nicht supermoderne Mutter den Mediengebrauch deines Sohnes kontrollieren?

Justine Pardoen ist Chefredakteurin der Webseite »Eltern online« und Gründerin von »Mein Kind online«. Seit 2002 befasst sie sich mit der Medienerziehung, im Besonderen mit der Begleitung des Internetverhaltens von Kindern. Wir haben sie um Tipps gebeten, wie man am besten mit dem Medienkonsum der eigenen Söhne umgehen sollte.

1. ALTERSANGABEN ERNST NEHMEN

»Altersangaben werden auf der Basis von langwierigen Untersuchungen erstellt, nehmen Sie diese daher unbedingt ernst: Es kann Ihrem Kind wirklich schaden, wenn es etwas sieht, wofür es noch zu jung ist. Es ist bedauerlich, dass es solche Angaben nicht für psychische Gewalt gibt, wie sie in Sendungen wie ›Big Brother‹ oder ›Deutschland sucht den Superstar‹ vorgeführt wird. Was dort geschieht, ist viel subtiler als körperliche Gewalt, aber für Kinder wahrscheinlich genauso schädlich. Schon allein deswegen, weil sie dieses Verhalten viel leichter kopieren können. Kinder erkennen bei Beschimpfungen, Erniedrigungen oder Schikanen nicht, dass das ein Spiel ist. Und sie erhalten nirgends die Botschaft, dass sie das nicht nachahmen sollten. Noch schlimmer: Jemanden lächerlich oder fertigzumachen, wird sogar noch belohnt.«

2. IN KONTAKT BLEIBEN

»Fragen Sie nach, was Ihr Sohn während des Spielens und im Internet erlebt. Durch die Medien lernt er neue Welten kennen, mit denen wir Eltern wenig oder keine Erfahrung haben, während Ihr Sohn gerade wichtige Erfahrungen macht. So wie Sie danach fragen, wie es beim Fußball oder in der Schule war, könnten Sie auch nachfragen, wie es im Internet war. Mit Jungs zu reden, bedeutet zunächst einmal, etwas aus ihnen herauszulocken. Wenn Sie die Geduld dazu aufbringen und der Geschichte dann auch zuhören, obwohl Sie nicht besonders viel davon verstehen, dann erkennt Ihr Sohn, dass er mit seinen Belangen zu Ihnen kommen kann, auch wenn es ein Problem gibt. Und darum geht es ja. Ihre Anteilnahme soll ihn beschützen. Aus allen Untersuchungen geht hervor, dass sich Jungen dadurch der Risiken bewusster werden. Außerdem geben Sie Ihrem Sohn so die Möglichkeit, beim Reden über sich selbst nachzudenken. Das macht ihn klüger und vorsichtiger, wenn es darauf ankommt.«

3. HELFEN, DIE KONSEQUENZEN EINES VERHALTENS ZU ERKENNEN

»Die rationalen Fähigkeiten von Kindern müssen eingeübt und trainiert werden. Solange Kinder selbst die Konsequenzen ihres Verhaltens noch nicht einschätzen können, müssen Sie als Eltern diese benennen oder aufzeigen, wenn es um die Nutzung von Medien geht. Vor allem Mütter können das gut, da sie verbal meist stärker sind als die Väter. Sie können Geschehenes gut in Worte fassen: ›Das hast du gemacht und das sind die Folgen. Wolltest du das?‹«

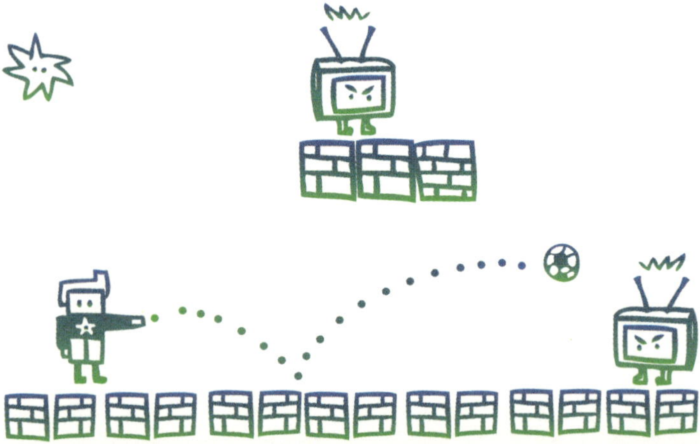

4. SPIELZEIT KLAR BEGRENZEN

»Wenn Ihr Sohn vor einem Fernseh- oder Computerbildschirm sitzt, verliert er schnell das Gefühl für die Zeit. Eine Stunde ist da schnell rum. Wenn Sie zu Ihrem Sohn sagen: ›Du darfst eine halbe Stunde an den Computer‹, dann hilft das nichts. Sie müssen es für ihn nachvollziehbar machen. Stellen Sie zum Beispiel eine Uhr oder einen Wecker in sein Blickfeld. Oder lassen Sie eine Uhrenanzeige auf dem Bildschirm mitlaufen. Eine gute Lösung ist auch ein frei verfügbares Computerprogramm wie Shutdown, bei dem Sie einstellen können, wie lange der Computer an bleiben darf. Dann schaltet er sich automatisch ab. Das gibt anfangs vielleicht etwas Ärger, aber danach ist es ein Segen! Denn jeder weiß nun genau, woran er ist.«

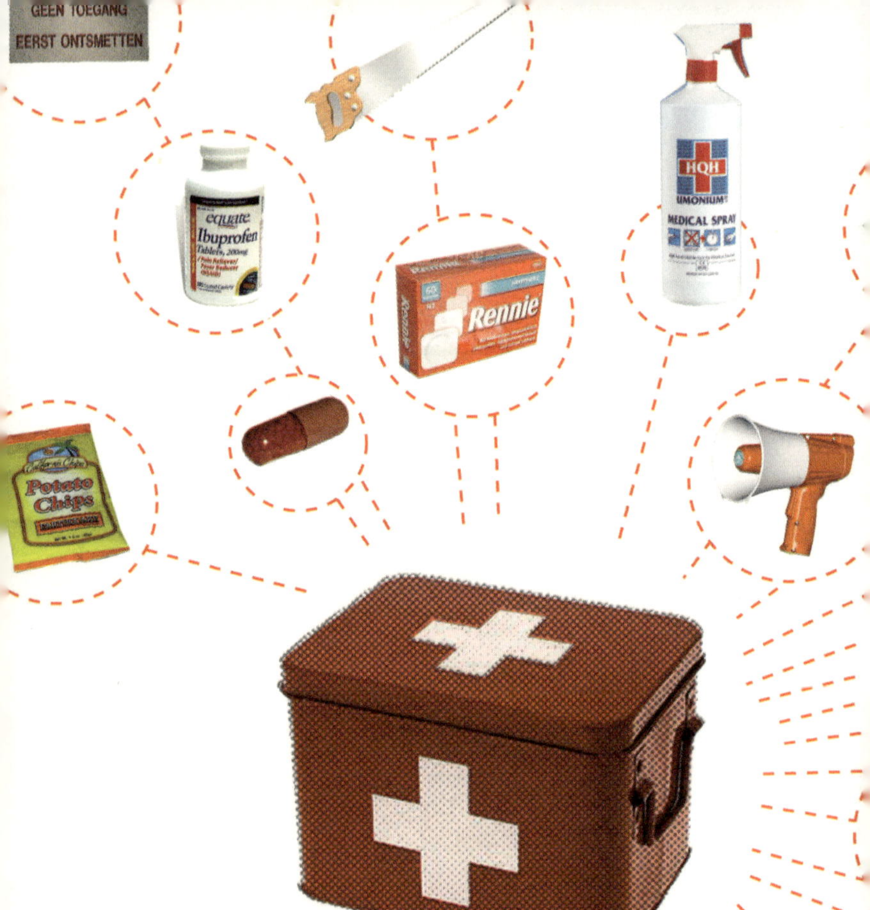

DINGE,

DIE DIE MUTTER EINES SOHNES IM ERSTE-HILFE-KOFFER HABEN SOLLTE

CHECKLISTE

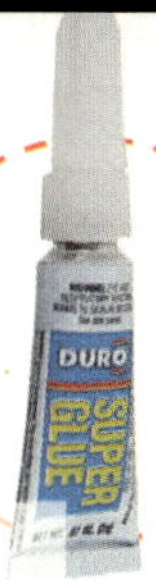

- ☐ 10 Mullbinden
- ☐ 10 elastische Binden
- ☐ Satz chirurgischer Messer
- ☐ chirurgische Nadeln
- ☐ Nähmaterial
- ☐ Beschreibung der Reanimationstechnik
- ☐ Defibrillator für die Katze
- ☐ Ecstasy (da ist er immer so lieb)
- ☐ Ritalin (dann beschäftigt er sich mit Sudokus)
- ☐ Tütchen Gras (davon bekommt er Hunger)
- ☐ Gips (jeder richtige Junge bricht sich mal einen Arm oder ein Bein)
- ☐ Ibuprofen (für Mutter gegen Kopfschmerzen)
- ☐ Kunstbein
- ☐ Kunstarm
- ☐ Superkleber
- ☐ Betonschere
- ☐ Pinzette, um Perlen aus der Nase zu holen
- ☐ Lufterfrischer superstark

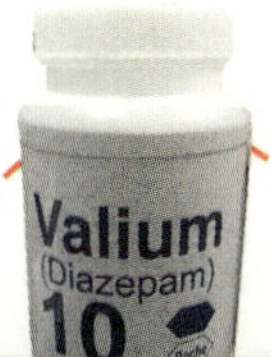

Viele Menschen sind fasziniert von Gewalt und Sensationen. Nicht ohne Grund kann man kaum den Fernseher einschalten, ohne dort auf Prügelszenen oder Schießereien zu stoßen. Kamerateams folgen in Real-Life-Sendungen Ambulanzen oder es werden Bombenexplosionen in Kriegsgebieten gezeigt. Die meisten Menschen schämen sich für diese Faszination, doch Jungen zeigen sie öffentlich. Häufig zum Verdruss ihrer Mütter. Aber woher kommt dieses Verhalten?

WAS IST DAS NUR MIT JUNGEN UND GEWALT?

Der niederländische Psychologe Peter Nikken gibt in seinem Buch »Gewalt in den Medien und Kinder« die folgenden Erklärungsansätze:

EVOLUTIONÄRE THEORIE
Um zu überleben, war es in grauer Vorzeit wichtig, die Kämpfe von anderen zu beobachten und sich so selbst auf einen Kampf vorzubereiten. Das erklärt, warum Männer mehr Interesse an Gewalt haben als Frauen, da Männer in der Urzeit für die Verteidigung der Gemeinschaft verantwortlich waren.

STIMMUNGSMANAGEMENT-THEORIE
Jungen sind auf der Suche nach Reizen und intensiven Erfahrungen. Im positiven und im negativen Sinn. Sie verhalten sich so, um Langeweile oder Sorgen und Probleme zu vertreiben.

VERSUCHSLABOR
Jungen können Computerspiele auch als emotionales Versuchslabor betrachten. In einem Computerspiel kann man Dinge tun, die man im wirklichen Leben nicht unbedingt erlebt.

SPANNUNGSTHEORIE
Jungen wollen bei einem spannenden Actionfilm mitfiebern – in der Gewissheit, dass alles gut ausgehen wird. Sie wollen sich bei gewalttätigen Szenen richtig schön gruseln, um am Ende erleichtert aufatmen zu können.

ANGSTBEHERRSCHUNG
Die Identifikation mit einem Actionhelden kann Jungen helfen, Selbstbewusstsein zu entwickeln und Angstgefühle zu beherrschen. Das Nachahmen des Helden bietet den Kindern die Chance, sich größer und wichtiger zu fühlen.

PENG
PENG
PENG
Nederlandse Spoorwegen

Pistolen kommen vielen Müttern nicht ins Haus. Es macht ja auch keinen besonders guten Eindruck, wenn der Sohn mit einem Cowboyhut auf dem Kopf und einem Spielzeuggewehr in seiner kleinen Hand durch die Nachbarschaft tigert und andere Kinder »liquidiert«.

Doch vielleicht sollte man die Jungs einfach machen lassen. Das sagt zumindest die britische Forscherin Penny Holland. Sie führte mithilfe von Erzieherinnen eine Untersuchung durch, bei der sie Jungen einfach mit Spielzeugwaffen spielen ließ. Es zeigte sich, dass sich die aggressiven Spiele weiterentwickelten und die Waffen immer weniger wichtig wurden. Oft machten nach einiger Zeit sogar die Mädchen mit. Und vor allem: Die Jungen waren fröhlich und besser in die Gruppe integriert. Rollenspiele sind wichtig. Jungen, die so tun, als ob, und imaginäre Freunde haben, lachen mehr als Jungen, die sich nicht so verhalten. Und für viele Jungen beginnt das Rollenspiel eben mit einer schönen Spielzeugwaffe.

Das Abnehmen der Spielzeugpistole und eine verärgerte Reaktion auf Schießspiele können einen ungewollten negativen Effekt haben. Die Jungen verlieren ihr Interesse an Rollenspielen. Außerdem schätzen andere Kinder die Jungen, die Pistolen mochten, dann als »böse« Kinder ein. Das Ergebnis könnte sein, dass sich die Jungen als Außenseiter fühlen.

Lass deinen Sohn also ruhig einen Granatwerfer aus Legosteinen bauen. Dann kannst du die Friedensaktivistin spielen, dich am Fernseher festketten und eine schöne Blume in den Lauf der Kinderwaffe stecken.

HORO SKOP

Fische

Fische sind empfindlich. Das heißt aber nicht, dass sie sich zurückhaltend verhalten. Fische können Wutanfälle bekommen und plötzlich aggressiv werden. Ein Fisch möchte sich auch hin und wieder in seine Fantasiewelt zurückziehen. Und manchmal stehen die Mondphasen einer gesunden Mahlzeit im Weg. Aber kein Problem. Wenn die Sonne scheint, braucht man das Mondlicht nicht.

Widder

Ein Widder ist impulsiv und sehr aktiv, egal, worum es geht. Er ist ein echtes Feuerzeichen: unternehmungslustig, radikal, extrem. Er kann seine Energie nicht steuern und tut das mit voller Hingabe. Er ist schnell eingeschnappt, hasst Monster und Pippi Langstrumpf. Er liebt Milchschokolade. Oft zappelt er ohne besonderen Grund mit den Beinen. Steht Mars in einem Quadrat mit Venus, solltest du schon mal einen Schokoriegel bereitlegen.

TYPISCH JUNGE

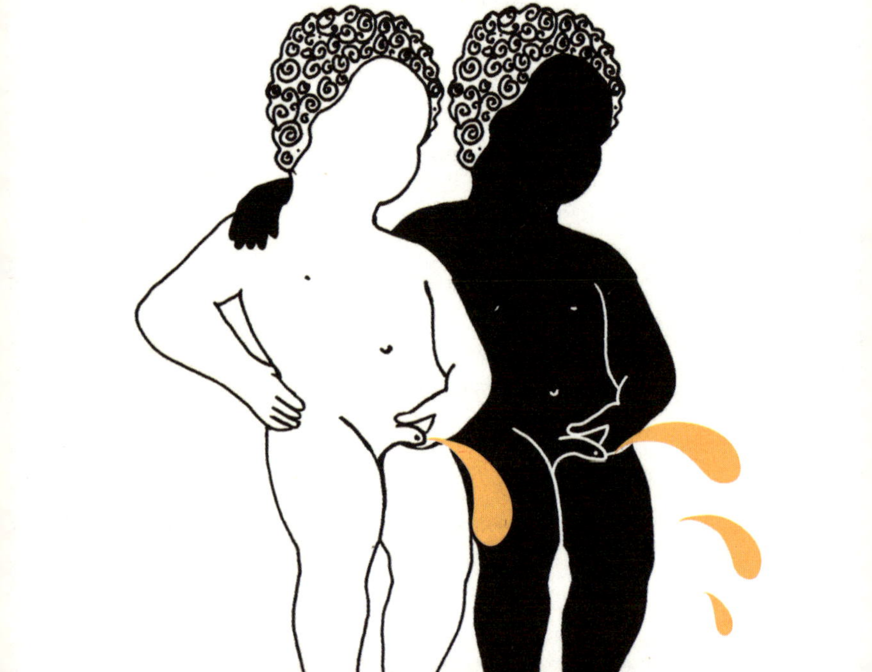
VER-PISSEN

Pinkeln ist fast so wie Gähnen. Wenn jemand anderes gähnt, muss man selbst auch gähnen. Wenn man jemandem beim Pinkeln zuhört, muss man selbst auch pinkeln. Jungen gehen darum oft zusammen pinkeln. Und wenn zwei Jungen nebeneinanderstehen und das Gleiche tun, gibt es immer einen Wettstreit.

Oft wird ein Pinkelwettstreit als kindisches, testosteronbedingtes Verhalten gewertet und auf eine Stufe gestellt mit Fragen wie: Wer hat das größte Auto? Wer ist am schnellsten oben? Wer verdient das meiste? Doch das stimmt nicht, denn alles andere ist nicht so wichtig wie der Gewinn des Wettpinkelns. Es ist sogar weniger wichtig, wer das größte Auto besitzt. Die Tatsache, dass man sich gemeinsam mit so einem unsinnigen Wettbewerb beschäftigt, ist für Jungen das eigentlich Besondere. Es ist vielleicht vergleichbar mit dem Auf-die-Schulter-Klopfen. Freundinnen nehmen sich bei der Hand, Jungen gehen gemeinsam pinkeln. Es handelt sich dabei um einen ganz jungenspezifischen Ausdruck echter Freundschaft, für den es kein richtiges Wort gibt. Frauen kennen dieses Gefühl nicht und Jungen können es nicht gut in Worte fassen.

MÄDCHEN JUNGEN

Oft benehmen sich Jungen einfach wie Jungen. Aber manchmal auch nicht. Jeder Junge ist anders. Und jeder Junge ist ein einzigartiger Mix aus jungenhaftem, mädchenhaftem und völlig gestörtem Verhalten.

Jeder weiß, was ein Junge oder ein Mädchen ist. Doch wenn man die wissenschaftliche Brille aufsetzt und die Geschlechter definieren soll, erscheint alles viel weniger klar getrennt, als man es erwarten könnte.

JUNGE, JUNGE

Du erinnerst dich vielleicht noch aus der Biologiestunde, dass Jungen ein X- und ein Y-Chromosom besitzen, während Mädchen zwei X-Chromosomen haben. Diese Chromosomen bestimmen die jungen- und mädchenspezifischen Merkmale.

RÜSSELCHEN

Die XY-Chromosomen sorgen dafür, dass der Fötus etwa in der achten Woche der Schwangerschaft Testosteron produziert. Dieses Hormon wirkt der Entstehung weiblicher Merkmale entgegen und regt die Entwicklung männlicher Merkmale an. Die Hoden bilden sich, zwischen den Beinen wächst ein kleines Rüsselchen und im Gehirn werden jungenspezifische Strukturen angelegt. Jungengehirne sind letztlich größer als Mädchengehirne, aber auch weniger kompakt. Auch die Verbindung zwischen den Gehirnhälften entwickelt sich unter dem Einfluss des Testosterons anders.

KLEIDCHEN

Nicht nur die eigene Testosteronproduktion bestimmt die Ausprägung der männlichen Merkmale. Auch der Testosteronspiegel der Mutter während der Schwangerschaft spielt eine Rolle. Bei keiner Frau ist der Testosteronspiegel in der Gebärmutter während der gesamten Schwangerschaft konstant. Es gibt Schwankungen beispielsweise bedingt durch Stress oder Rauchen, die so groß sein können, dass einige Jungen ein supermännliches Verhalten zeigen, während andere eher mädchenhafte Züge haben. Grundsätzlich hat jeder Junge seine weiblichen Seiten. Scheue also nicht davor zurück, nach den weiblichen Elementen im Gehirn deines Sohnes zu suchen. Vielleicht geht er gern mit dir shoppen, lauscht deinen emotionalen Erlebnissen ganz begierig oder läuft in deinen alten Kinderkleidchen herum.

Was ist Testosteron?

Testosteron ist ein Hormon. Ein Hormon ist so eine Art Flaschenpost, eine Botschaft, die im Blutkreislauf von einer Gruppe von Körperzellen zu einer anderen gesendet wird. Fast jede Körperzelle, jedes Organ und jede Körperfunktion stehen unter dem Einfluss von Hormonen. Testosteron wirkt auf die Entwicklung eines Fötus zum Jungen ein und auf die Entwicklung des Jungen zum Mann. Viel Testosteron führt zur Bildung des männlichen Körpers und eines männlichen Gehirns. Es fördert das Muskelwachstum und die Stärke der Knochen. Der Testosteronspiegel beeinflusst auch das Verhalten. Männer sind unter dem Einfluss von Testosteron fröhlich und kreativ, werden aber auch schnell aggressiv und aufbrausend.

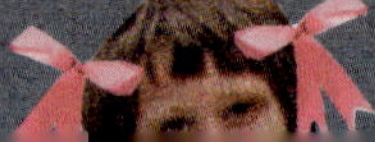

ER KANN AUF BÄUME KLETTERN

Jungen wollen immer der Schnellste, Klügste oder Stärkste sein. Eine erfolgreiche Art, Jungen dazu zu bringen, etwas zu tun, ist die Du-schaffst-das-nicht-Herausforderung. »Du schaffst es nicht, in dreißig Sekunden deine Schuhe anzuziehen«, »Du schaffst es nicht, in drei Sekunden deine Bohnen aufzuessen« oder – um einen Moment Ruhe zu bekommen – »Du schaffst es nicht, in dreißig Sekunden auf einen Baum zu klettern«.

WIE PROGRAMMIERT MAN EINEN JUNGENROBOTER?

```
Wenn (Sätze länger als sieben Wörter lang sind)
Output: Error
```

```
Wenn (anderer Roboter klein)
Schubsen
```

```
Mach 100 Mal
Mach 10 Mal
Hin- und herschaukeln
```

```
Wenn Input (Hast du das getan?)
Output: Nein!
```

```
Mach von 1 bis 98
Mit Roboterfingern auf der Tisch-
platte trommeln
```

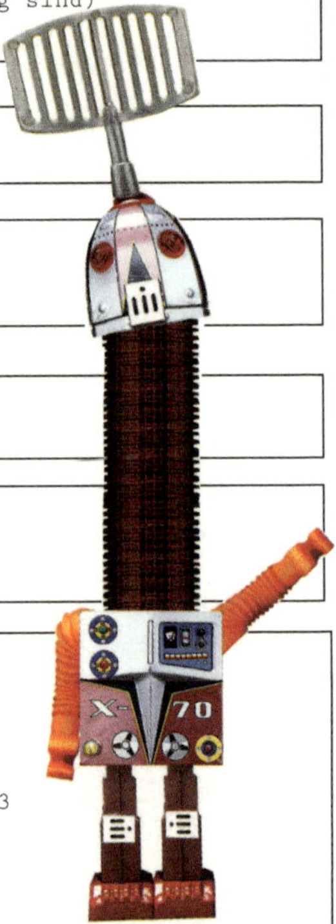

```
Wenn (kein Input)
Suche Xbox
        Wenn keine Xbox
        Suche PlayStation 3
                Wenn keine PlayStation 3
                Suche Wii
                        Wenn keine Wii
                        Suche DS
                                Wenn keine Spielekonsole
                                Suche Fernseher
                                        Wenn kein Fernseher
                                        Error
```

```
Nimm ein neues Objekt (1)
Lass das Objekt fallen
        Wenn kaputt
        Geh zurück zu (1)
        Wenn nicht kaputt
        Stecke es in Brand
                Wenn nicht kaputt
                Feuere Plasmastrahl
                        Wenn nicht kaputt
                        Error
```

```
Wenn (Objekt ist eine Socke)
Starre vor dich hin
        Wenn Input (10 Mal: Hast du dich immer noch nicht
        angezogen?)
                Output (Hm?)
```

```
Wenn (Objekt ist ein rechter Schuh)
Ziehe Schuh an linken Roboterfuß
        Wenn Input (10 Mal: Hast du deine Schuhe noch
        nicht an?)
        Lokalisiere linken Schuh
                Wenn Input (10 Mal: Hast du deine
                Schuhe noch nicht an?)
                Ziehe linken Schuh an rechten Roboterfuß
```

Jungen, die im wirklichen Leben wenigen Männern begegnen, beziehen ihre Vorbilder aus Fernsehsendungen und Computerspielen. Aber so stark, romantisch, geistreich und mutig wie die Männer in den Fernsehsendungen und Computerspielen sind echte Männer nun mal nicht. Das weiß jede Mutter. Und das sollte ein Sohn ebenfalls möglichst früh lernen. Sonst hast du, ehe du dich versiehst, einen kleinen Bruce Willis im Haus herumlaufen und vorbei ist es mit deinem gemütlichen Wochenende.

VORBILDER

VORBILD 1: DER WITZBOLD

Ein Scherzkeks ist immer sehr beliebt. Jungen (und auch Mädchen) schätzen den Witzbold.

VORBILD 2: DER ATHLET

Der sportliche Typ wirkt anziehend auf Cheerleader. Durch die Demonstration seiner Kraft und seines Durchhaltevermögens gewinnt er den Respekt von Jungen und Mädchen.

VORBILD 3:
DER STARKE, STILLE TYP
Redet nie über seine Gefühle. Er hat seine Emotionen immer unter Kontrolle.

VORBILD 4: DER HOT SHOT
Wird definiert durch seinen beruflichen Status. Dieser Mann zeigt, dass man finanziell unabhängig und allseits beliebt sein muss.

VORBILD 5: DER ACTIONHELD
Stark und nicht besonders leise. Oft böse, aggressiv und gewalttätig.

DAS EINZIG ECHTE VORBILD: DER VATER
Ein Mann mit guten Absichten und einer gesunden Lebenseinstellung. Häufig ist die Intention besser als das Ergebnis. Hat sich – aus Gründen, die niemand wirklich begreift – als unverzichtbares Vorbild für heranwachsende Jungen erwiesen.

Manchmal sagt ein Stück Musik mehr als **100.000** Worte. Ganz bestimmt, wenn es um das Gefühlsleben von Jungen geht. Lade dir die folgenden Stücke aus dem Netz herunter und höre sie dir an. So fühlt es sich an, wenn man nicht weiß, was man sagen soll, obwohl man viel zu erzählen hätte.

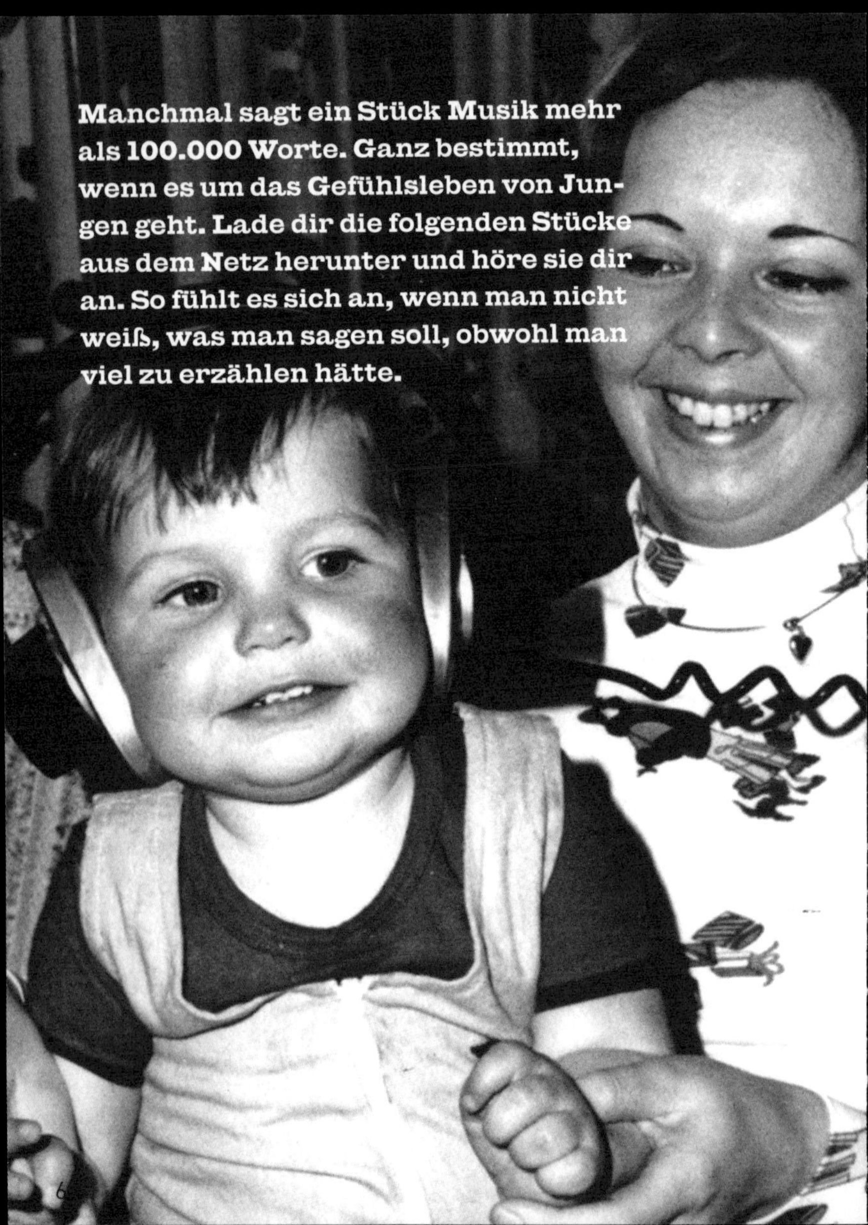

1. I'm Glad I'm Not a Girl – Anal Cunt

2. Fuck Authority – Pennywise

3. So Fucking What – Metallica

4. If Assholes Could Fly This Place Would Be an Airport – Swallowing Shit

5. I'm a Piss Artist – Adolph and the Piss Artists

10 JUNGENLIEDER

100% JUNGENGEFÜHL

6. Making the Bombs – Randy

7. Losing My Mind – Randy

8. Less Talk, More Rock – Propagandhi

9. Don't Give a Shit – Teenage Rehab

10. Video Games – The Punk Group

1. Schlag in den Magen.

2. Mit Zeigefinger und Daumen gegen das Ohrläppchen schnippen.

10 NONVERBALE GESTEN, MIT DENEN JUNGEN SICH MITTEILEN:

»ICH FINDE DICH NETT.«

3. Nase mit Daumen und Zeigefinger packen und Finger mit der anderen Hand abschlagen.

4. Von hinten in die Kniekehle treten.

5. Bein stellen.

6. Klaps auf die Schulter.

7. Eine Kopfnuss verpassen.

8. Kleinen Tritt in den Hintern geben.

9. Schlag auf den Rücken.

10. Einen Kniestoß geben.

FREUNDE

Freundschaften zwischen Jungen sind nicht wie die zwischen Mädchen. Jungen sind gern in Gruppen, um gemeinsam richtig zu lachen.

Wenn ein Junge einen Ball zu einem unbekannten Jungen schießt und der den Ball zurückschießt, dann sind sie Freunde. Wenn sie später aus einem Fenster nasse Papierkugeln auf die Glatze des Nachbarn werfen, sind sie gute Freunde. Wenn Jungen am Morgen versuchen, sich gegenseitig ins Krankenhaus zu bringen, und mittags gemeinsam in den Briefkasten der Schule pinkeln, sind sie dicke Freunde. Mädchen sind gern zu zweit oder zu dritt zusammen, Jungen schätzen größere Cliquen. Eine solche Gruppe von Freunden wirkt idealerweise ein bisschen wie aus einem Gangsterfilm, wie ein Haufen Bankräuber, die

sich gegenseitig brauchen. Der eine Gauner kann die elektronischen Sicherheitseinrichtungen sabotieren. Der andere kann Karate, der Nächste kann sechs Sprachen sprechen und natürlich gibt es einen Gruppenclown. Denn eine Gruppe von Freunden ist keine Gruppe von Freunden, wenn nicht oft und laut gelacht wird.

In einer solchen Clique gibt es eine strenge Hierarchie mit einem eindeutigen Boss. Wenn diese Hierarchie aber einmal festgelegt ist, ist sie nicht mehr so wichtig. Jeder hat Respekt vor den Qualitäten des anderen. Da in größeren Gruppen sehr vertraute, intime Momente kaum möglich sind, scheinen Jungenfreundschaften von außen betrachtet weniger tief zu gehen als Mädchenfreundschaften. Doch obwohl sie vielleicht weniger eng und vertraut sind, sind sie doch keinesfalls weniger wichtig. Auch ein Junge braucht Freunde, um sich gut zu entwickeln. Untersuchungen haben gezeigt, dass sogar schlechte Freunde immer noch besser sind als gar keine.

Schule ist ein Frauending. Erschrick also nicht, wenn dein Sohn mit einem Brief nach Hause kommt, in dem steht, dass er nicht gut buchstabieren kann, schlampig, anstrengend, abwesend oder verträumt ist. Schnell werden dann Begriffe wie »autistisches Verhalten« oder »ADHS« ausgepackt. Doch manchmal reicht schon der Stempel »Junge«.

JUNGEN UND SCHULE

Henno Oldenbeuving trainiert Lehrer. Begonnen hat er als Sportlehrer an einer Schule für schwer erziehbare Jungen. Dort lernte er, wie man sich diesen Jungen nähert. Heute teilt er seine Erfahrungen mit anderen Lehrern. Seine Spezialität ist schwieriges Verhalten bei Jungen.

Sind Jungen schwieriger als Mädchen?

»Nein, es wird nur im Unterricht so erlebt. Verhalten, das die Lehrer als lästig und schwierig empfinden, ist in 90 Prozent der Fälle Verhalten von Jungen. Ein Schüler funktioniert im heutigen Schulsystem gut, wenn er früh lesen und schreiben kann, und hat es schwer, wenn er die Ruhe in der Klasse stört. Ersteres können Jungen meist nicht gut, das Zweite deutlich besser. Man könnte also sagen, dass die Jungen nichts schaffen, man könnte aber auch sagen, dass der Unterricht nicht für die Jungen geeignet ist.«

Was muss ein Lehrer oder eine Lehrerin tun? Man kann die Jungen doch nicht einfach machen lassen?

»Wenn Herumtoben nicht auf dem Stundenplan steht, ist es kein guter Stundenplan. ›Herumtoben‹ ist ein allgemeiner Begriff, den man beliebig mit Inhalt füllen kann: Man kann zum Beispiel draußen spielen. Man muss die Jungen auf jeden Fall ab und zu irgendetwas tun lassen und darf sich nicht über deren Bewegungsdrang ärgern. Man sollte auch nicht aus allem ein Problem machen. Wenn ein Junge auf seinem Stuhl wippt, können Sie ihn zehnmal ermahnen und dennoch wird er gleich danach weiterwippen. Wenn das niemanden stört, dann lassen Sie ihn doch einfach wippen. Und loben Sie solche Jungen auch ab und zu.«

Aber manchmal müssen doch auch Jungen Ruhe geben. Wie schafft man das?

»Wenn ein Junge sehr unruhig ist, sollten Sie ihm einen Auftrag erteilen. Bitten Sie ihn, irgendetwas für Sie zu tun, was er gut kann.«

Klingt gut, aber einige Jungen können ziemlich schwierig und aufbrausend sein.

»Das ist wahr. Doch es hilft oft schon zu erkennen, dass ein Junge eben kein Mädchen ist. Viele Jungen sind in ihrem Sozialverhalten nicht sehr umgänglich. Ein Mädchen, das aus der Klasse geschickt wird, geht zum Lehrer zurück und sagt: ›Das war nicht so gut von mir, tut mir leid.‹ Das Mädchen darf dann wieder am Unterricht teilnehmen. Ein Junge verhält sich nicht so. Er hat eine andere Frustrationskurve. Die Frustration steigt bei Jungen viel schneller an und erreicht ein viel höheres Niveau als bei Mädchen. Und gerade an der Spitze der Frustration versucht ein Lehrer häufig, eine Verhaltensänderung zu erwirken. In einem solchen Moment erreicht man aber überhaupt nichts. Es dringt nichts zu dem Jungen durch. Er kann in so einer Situation auch nicht die richtigen Worte finden. Die Reaktion des Lehrers ist dann aber oft: ›Das geht so nicht. Du wirst dann noch mehr bestraft.‹«

Wie muss man dann mit Jungen umgehen?

»Man muss versuchen, die Verhaltensänderung dann zu bewirken, wenn ein Junge wieder zur Ruhe gekommen ist. Wenn ein Junge sauer ist oder frustriert, darf man nicht sofort darauf eingehen, sondern muss ihn eine Weile in Ruhe lassen und dann später besprechen, was passiert ist. Meist dauert das nicht lange. Bei Jungen sinkt der Frustrationsgrad genauso schnell, wie er ansteigt. Manchmal muss man zwei Jungen trennen, weil sie sich gerade prügeln wollten, kurz darauf sitzen sie wieder ruhig nebeneinander und reden über ein Nintendo-Spiel. Bei Mädchen ist das anders. Die Frustration ist nicht so groß, man kann Mädchen daher immer erreichen, wenn man sie anspricht. Doch die Frustrationskurve sinkt dafür anschließend viel langsamer. Der Streit wird bei Mädchen viel länger nachwirken. Noch am nächsten Tag schauen sie einen deshalb komisch an.«

Warum machen Jungen immer Ärger?

»Vor allem weibliche Lehrkräfte unterschätzen den Forscherdrang der Jungen und interpretieren ihr Verhalten oft falsch. Aber meist erstellen Frauen in der Schule die Regeln. Achten Sie einmal darauf, wie häufig Jungen etwas nicht dürfen. Jungen erhalten dreimal so viel Aufmerksamkeit wie Mädchen, aber negative Aufmerksamkeit. Untersuchungen belegen, dass viele Jungen schon in den ersten Jahren eine Art Schulallergie entwickeln. Fragen Sie einen Jungen: ›Warum gehst du zur Schule?‹, wird er antworten: ›Weil ich muss.‹ Auf die gleiche Frage wird ein Mädchen antworten: ›Um etwas zu lernen.‹«

Müssen wir wieder zurück zu getrennten Mädchen- und Jungenschulen, damit Jungen in ihrem eigenen Tempo lernen können?

»Das muss nicht sein, aber Schulen müssen schon zwischen Mädchen und Jungen unterscheiden. Lehrer reden oft darüber, was ein Kind von sechs Jahren können sollte: ›Ein Kind von sechs ist in der Lage, schreiben zu lernen.‹ Doch Mädchen tun sich in diesem Alter viel leichter als Jungen. Die Entwicklung des Neocortex (regelt unter anderem die Verarbeitung von Sprache) und der Feinmotorik vollzieht sich langsamer, dauert aber auch länger als bei Mädchen. Als Lehrer sollte man also nicht allgemein über ein Kind von sechs Jahren reden, sondern über einen Jungen oder ein Mädchen von sechs Jahren.

Was muss ein Junge im Alter von sechs können? Und wozu ist ein Mädchen von sechs in der Lage?«

Dann muss sich die Mutter eines Sohnes über ein schlechtes Zeugnis nicht allzu viele Sorgen machen?

»Eine moderne Mutter mit einem Sohn muss ein bisschen jenseits der Norm denken können. Sie darf sich nicht nur das Zeugnis ansehen und nicht nur dem Urteil der Lehrerin vertrauen, sondern sie muss ihren Sohn mit gleichaltrigen Jungen vergleichen. Natürlich ist es dann wichtig, Auffälligkeiten mit der Lehrerin oder dem Lehrer zu besprechen. Ihr Sohn kann ja tatsächlich unter ADHS oder Legasthenie leiden.«

ich bin VOLL allergisch auf Schule

ANGELN

Selten, sehr selten kann man beobachten, wie sich ein widerspenstiger Rotzlöffel in einen Jungen verwandelt, der die Ruhe eines Mönchs ausstrahlt und dessen Blick die unendlichen Weiten des Weltalls widerspiegelt. Die Chance, dass so etwas geschieht, ist am Wasser am größten. Wenn ein Junge seinen Angelkasten öffnet, sein Senkblei, die Angelschnur und den Köder herausholt, verändert sich etwas. Der Herzschlag sinkt, die Blutgefäße weiten sich und es senkt sich eine Wolke der Ruhe herab. Der Junge denkt an das, was er fangen will. Er versucht zu fühlen, was ein Fisch fühlt. Er versucht, dessen Energiefelder zu empfangen. Ein guter Angler wird selbst ein bisschen zum Fisch. Und Fische haben diesen Blick, der die unendlichen Weiten des Weltalls widerspiegelt.

HÖHERE STIFTEKUNDE

Gibt man einem Mädchen eine Schachtel mit Buntstiften, beginnt es zu malen. Gibt man einem Jungen ebenfalls eine Schachtel mit Buntstiften, wird er einen entzweibrechen, um zu erforschen, ob die Farbe auch im Inneren zu sehen ist. Danach überlegt er, ob er nun zwei ganze Buntstifte hat oder zwei Hälften. Das wirkt von außen betrachtet vielleicht etwas einfältig, doch in diesem Augenblick betreiben Jungen höhere Stiftekunde. Jungen wollen den Dingen auf den Grund gehen, sie sind kleine Forscher. Sie unterscheiden sich in nichts von Naturwissenschaftlern, die Protonenbündel aufeinanderschießen, Schiffe zusammenstoßen lassen oder mit Lasern ein Stück Metall durchschneiden. Wenn man jahrelang studiert hat, nennt man das allerdings einen Versuch. Wenn man ein Junge ist, heißt es Zerstörungswut.

ROCK 'N' ROLL

Irgendwie erzeugt das Geräusch einer vibrierenden Saite ein Gefühl, das Jungen tief in ihrem Körper spüren. Ein Gefühl der Unruhe und des Verlangens. Das Brummen einer Basssaite ebenso wie der Klang einer hohen Gitarrensaite kann eine Jungenseele in Ekstase versetzen. Für viele Jungen geht daher eine natürliche Anziehungskraft von einer Gitarre aus. Sie wollen sie zum Knurren, Heulen und Jaulen bringen. Kawumm, tsching. Von Musikunterricht halten Jungen allerdings wenig, weil sie dort nach musikalischen Regeln spielen müssen. Jungen wollen aber selbst bestimmen, was Musik ist. Sie lieben es atonal, zart, laut und den Klang von zerberstenden Gegenständen.

FEUER MACHEN

Jungen lieben tolle Experimente. Und zu einem guten Experiment gehören eine oder mehrere der folgenden Handlungen:

1. Etwas sehr fest auf etwas anderes hauen.

2. Etwas aus großer Höhe fallen lassen.

3. Etwas unter enormen Druck setzen.

4. Etwas explodieren lassen.

5. Etwas implodieren lassen.

6. Etwas bestrahlen.

7. Kernfusion.

8. Kernspaltung.

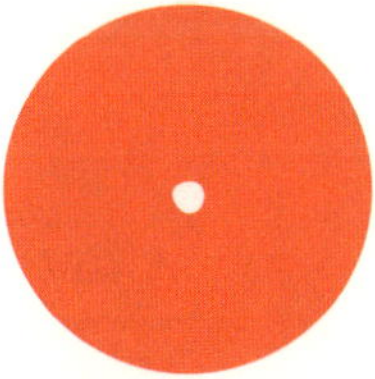

9. Lasern.

10. Etwas in Brand stecken.

Oft ist es schwierig, eine der ersten neun Handlungen gut durchzuführen. Bleibt also nur Nummer 10. Achte also darauf, dass die Streichhölzer immer an einem sicheren Ort versteckt sind.

GEMEINSAM STARK

Jungen halten nicht viel davon, einander gegenüberzusitzen, sich in die Augen zu sehen und sich zu unterhalten. Viel lieber arbeiten sie Schulter an Schulter an einem wichtigen Projekt. Sie sind auf alles vorbereitet, haben gutes Werkzeug und wasserdichte Kleidung. Am liebsten singen sie dabei. Wenn du das Gefühl hast, dass deinen Sohn etwas beschäftigt, dann schlag ihm vor, zusammen etwas zu machen. Gemeinsam abwaschen, kehren, einkaufen gehen ... Jungen bewegen sich gern, während sie reden. Du wirst sehen: Plötzlich kommt im Kopf des Jungen etwas in Gang und die Wörter beginnen zu fließen.

HORO SKOP

Stier

Stiere sind materialistische kleine Monster. Sie wollen Spielzeug haben und wenn sie Spielzeug kriegen, wollen sie noch mehr haben. Ihre eigene Mutter betrachten sie als persönliches Eigentum. Achte auf den Einfluss von Saturn. Ein Glas geht da schnell zu Bruch!

Zwilling

Der Zwilling lacht, der Zwilling weint. An einem Tag liebt er Bohnen, am nächsten Tag hasst er sie. Er hat es manchmal schwer mit seinen Gefühlen und könnte dann gleichzeitig lachen und weinen. Mal spielt er gern mit den Playmobilfiguren, dann wirft er sie durch die Gegend. Vollmond? Plane ein paar Stunden Vorlesen ein.

DER ALLTÄGLICHE WAHNSINN

NICHT SCHON WIEDER

Jungen sind nicht verrückt. Wenn sie etwas »Falsches« gemacht haben, finden sie es völlig korrekt, dafür geschimpft zu werden. Was sie aufregt, ist das Wörtchen »wieder«. »Hast du dein Zimmer wieder nicht aufgeräumt?« »Hast du schon wieder die falschen Socken an?« »Hörst du schon wieder nicht zu?« »Wirfst du schon wieder den Hund aus dem Fenster?« Jungen denken: Gestern habe ich Mist gebaut, dafür bin ich bestraft worden und das ist erledigt. Ich habe jetzt eine weiße Weste. Wenn ich heute Fehler mache, dann ist das etwas Neues. Wenn du willst, dass ein Junge dir zuhört, bleibe im Hier und Jetzt und vermeide das Wörtchen »wieder«.

Schmusen ist ein Frauending. Viele Jungen fühlen sich unwohl bei der ganzen Kuschelei. Insbesondere, wenn sie älter werden. Glücklicherweise gibt es coole Alternativen zum Schmusen, zum Beispiel High Five.

HIGH FIVE!

TRADITIONELLER HIGH FIVE ODER »THE OLD ENGLISH«

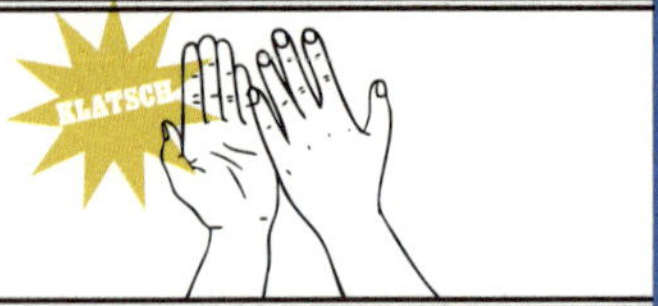

Diesen High Five kennt jeder. Man streckt die rechte Hand nach oben und schlägt damit gegen die rechte Hand des Gegenübers.
Wichtig dabei ist, die Hand nicht ganz gestreckt zu halten. Wenn die Hand beim Zusammenklatschen leicht gewölbt ist, dann klingt der High Five besser. Das gilt für jede Art des Klatschens. Die Hand nie ganz strecken!

LOW FIVE

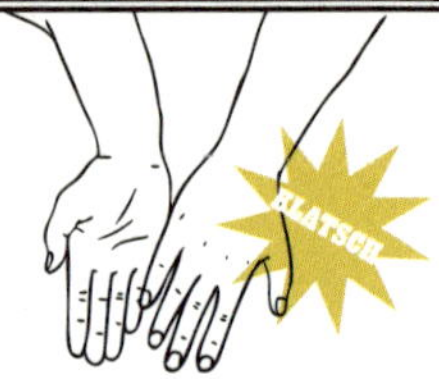

Ähnlich wie High Five, aber die Hände bleiben auf Hüfthöhe. Etwas lässiger als High Five, gibt man im Vorbeilaufen.

TOP GUN

High Five mit anschließendem Low Five.

SIDESWIPE

1

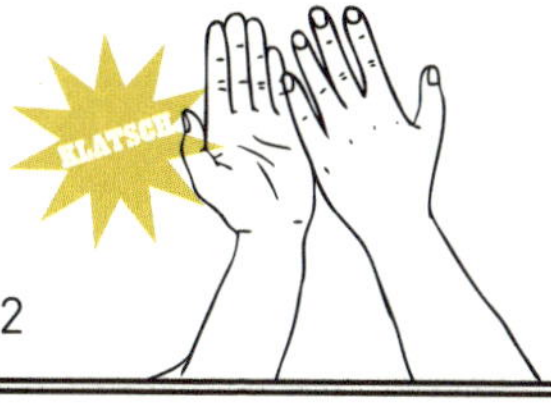

2

Das ist eine Variante des Händeschüttelns. Man steht sich gegenüber, als ob man sich die Hand geben will, doch stattdessen gibt man High Five mit einer Bewegung, als ob man eine Schiebetür aufschiebt. Man kann den Sideswipe ausdehnen, indem man danach die Finger ineinander verhakt, einander die Hand schüttelt und sich annähert, um die rechten Schultern gegeneinanderzustoßen. Cool ist es auch, nach dem Sideswipe mit den Fingern zu schnippen.

DOPPELTER SIDESWIPE

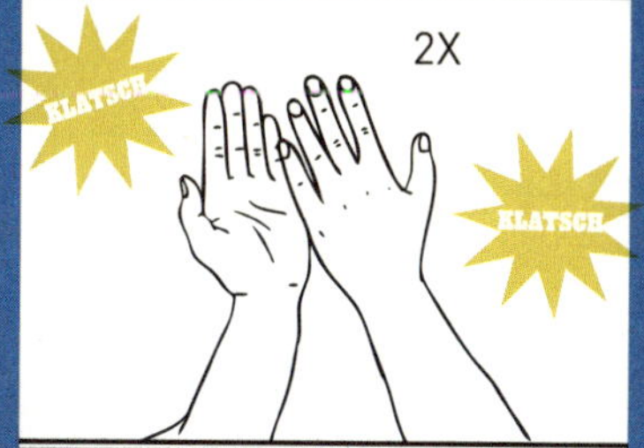

Wird wie der Sideswipe ausgeführt, aber zweimal hintereinander. Der zweite Schlag muss dabei fester sein als der erste. Den doppelten Sideswipe gibt man sich, wenn man sich lange nicht gesehen hat.

DIE KÜCHENTÜR

Wie der Sideswipe, doch nach dem Schlag zieht man die Hand zurück und schlägt die Handrücken aneinander.

..............................ehem..

.................tja...äh..............

....

....................och...

KOMPLIMENTE

Einem Jungen ein Kompliment zu machen, ist nicht so einfach, wie du vielleicht denkst. Viele Jungen wissen mit Komplimenten nämlich nicht besonders viel anzufangen. Das heißt aber nicht, dass sie keine hören wollen. Zeige Interesse. Beschreibe genau, was du siehst, hörst, riechst und fühlst, damit der Junge merkt, dass du wirklich mitbekommst, was er tut.

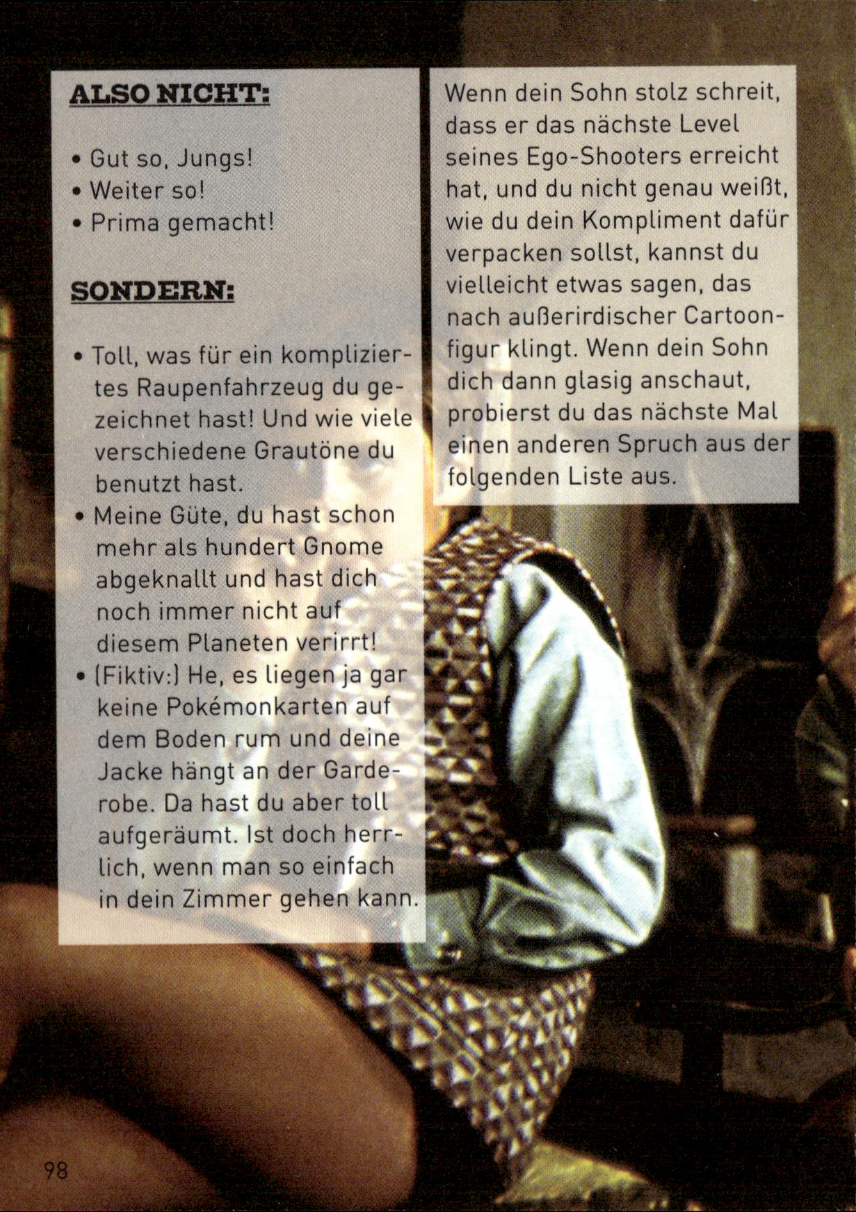

ALSO NICHT:

- Gut so, Jungs!
- Weiter so!
- Prima gemacht!

SONDERN:

- Toll, was für ein kompliziertes Raupenfahrzeug du gezeichnet hast! Und wie viele verschiedene Grautöne du benutzt hast.
- Meine Güte, du hast schon mehr als hundert Gnome abgeknallt und hast dich noch immer nicht auf diesem Planeten verirrt!
- (Fiktiv:) He, es liegen ja gar keine Pokémonkarten auf dem Boden rum und deine Jacke hängt an der Garderobe. Da hast du aber toll aufgeräumt. Ist doch herrlich, wenn man so einfach in dein Zimmer gehen kann.

Wenn dein Sohn stolz schreit, dass er das nächste Level seines Ego-Shooters erreicht hat, und du nicht genau weißt, wie du dein Kompliment dafür verpacken sollst, kannst du vielleicht etwas sagen, das nach außerirdischer Cartoonfigur klingt. Wenn dein Sohn dich dann glasig anschaut, probierst du das nächste Mal einen anderen Spruch aus der folgenden Liste aus.

endkrass • baumstark • cool de luxe • Bombe • super fresh • echt der Burner • geile Scheiße • Boah ey, krass • megakorrekt • hyper, hyper • voll porno • endgeile Aktion • Respekt, Peace und Freundschaft • Wow, eins a • echt gediegen • der Oberhammer • abgefahren

MAG ICH NICHT!

Kinder mögen Süßes und haben eine natürliche Abneigung gegen Bitteres. Das ist so etwas wie 1 + 1 = 2. Doch um aus einem Sohn einen starken Mann zu machen, muss er Gemüse essen. Und Kinder und Gemüse ist so wie 1 + 1 = 0 oder 1 + 1 = 1037.

Auf die Frage, wie du deinen Sohn dazu bewegen kannst, Gemüse zu essen, gibt es nur wenige Antworten. Dafür aber viele Fallstricke. Offenbar ist es so, dass Kinder von strengeren Eltern eine größere Vorliebe für Süßigkeiten haben als Kinder von Eltern, die es lockerer nehmen. Es ist keine gute Idee, darauf zu bestehen, dass das Gemüse aufgegessen werden muss, bevor der Nachtisch auf den Tisch kommt. Das verstärkt nur das »Negative« des Gemüses und das »Positive« der Süßspeise. Das einzig Sinnvolle ist, es immer wieder zu versuchen und Gemüse anzubieten. Ein paar Tipps dazu: Lass deinen Sohn auswählen, überlass es ihm, Kräuter auszusuchen, die er auf dem Essen verteilen will. Und wenn er wirklich auf gar nichts Lust hat, dann überrede ihn, wenigstens einen kleinen Bissen zu probieren, damit er sich an den Geschmack gewöhnen kann.

BELIEBT	**WENIGER BELIEBT**	**UNBELIEBT**
Mais	**Brokkoli**	**Blumenkohl**
Erbsen	**Tomaten**	**Rosenkohl**
kleine Karotten	**Champignons**	

Ein Kind muss etwas Unbekanntes etwa achtmal probiert haben, bis es den Geschmack akzeptiert. Bei einem Sohn können die folgenden Sätze helfen, damit es auch zu den ersten acht Malen kommt.

»Blumenkohl ist Brokkoli, der mit Gammastrahlen zu Tode bestrahlt wurde und darum so bleich ist. Die Energie, die notwendig ist, um ein Brokkoliröschen zu weißblumenkohlen, hat sechs Nukis das Leben gekostet. Nukis sind kleine flauschige Wesen, die leise Piepstöne von sich geben. Es wäre doch schade, wenn sie umsonst gestorben wären.«

»Karotten wachsen nur dort, wo Atombomben explodiert sind. Sie besitzen darum spezielle Megapower, die freigesetzt wird, wenn man sie isst. Wenn man viele Karotten isst, können die Augen leuchten wie kleine Lampen. Aber dafür musst du noch eine ganze Menge davon essen.«

»Tomaten sind Beutel voll Alienkotze mit Ketchup.«

»Rosenkohl ist nicht einfach Kohl. Der Rosenkohl auf deinem Teller ist ein Teil des Kohltoniums. Ein Kohltonium ist eine Kombination aus einem Rosenkohl und dem dazugehörigen Anti-Rosenkohl, der in einer für uns unsichtbaren Paralleldimension lebt. Anti-Rosenkohle sind nicht so ungefährlich wie normaler Rosenkohl. Jeder Anti-Rosenkohl hat acht Augen, haarige Füße mit spitzen Krallen und ein becherartiges Saugwerkzeug mit scharfen Eckzähnen. In der Paralleldimension lauert uns der Anti-Rosenkohl auf, wenn er Durst hat. Er will Menschenblut trinken, wenn die Menschen schlafen. Glücklicherweise können wir den Anti-Rosenkohl vernichten, wenn wir den dazugehörenden Rosenkohl aufessen.«

»Champignons sind die abgehackten Pfoten vom Megamillionenfüßler, der in den Wäldern Brasiliens lebt.«

»Erbsen sind eigentlich Positronenkörner. Jede warme Erbse hat einen Energiewert von 3 My Chi-Kraft. Eine kalte Erbse hat sogar einen Wert von 0,5 My Chi-Kraft. 100 My Chi-Kraft können gegen eine Minute Fernsehen eingetauscht werden.«

FLUNKERN

Viele Mütter mögen es überhaupt nicht, wenn ihr Sohn lügt. Ehrlichkeit steht hoch im Kurs. Doch in der Jungenwelt gibt es Lügen und andere Lügen.

Wenn du fragst, ob er seine Hausaufgaben gemacht hat, und er Ja sagt, wobei er Nein hätte sagen sollen, und dann gleich nach draußen flitzt, dann ist dein Sohn kein Lügner, sondern ein Kind, das draußen spielen möchte. Er will nicht flunkern, er will nur Fußball spielen. Wenn du fragst: »Willst du draußen spielen?«, dann sagt dein Sohn: »Ja gerne.« Anschließend kannst du hinzufügen: »Ich will aber, dass du in einer halben Stunde zurückkommst und dann deine Hausaufgaben machst.« Dein Sohn wird dann nicht lügen. Natürlich wird er zu spät nach Hause kommen und darauf kannst du ihn dann wieder ansprechen.

Benutze dabei nicht viele Worte. Rede in kurzen Sätzen und deutlich. Ein Junge verarbeitet Sprache weniger gut als ein Mädchen. Es wird schnell ein undefinierbarer Wortbrei daraus. Aber er reagiert umso empfindlicher auf den Ton, in dem du etwas sagst. Achte also auf deine Intonation. Sei interessiert und freundlich. Wenn du viel redest und verärgert klingst, gerät dein Sohn in die Defensive. Er kriegt das Gefühl, dass er in die Enge getrieben wird. Und dann weiß er noch weniger, was er sagen soll, und behauptet vielleicht etwas, was nicht stimmt. Nicht weil er lügen will, sondern weil er dem Druck entkommen will. Oder um sich nicht zu blamieren.

AUF
RÄUMEN

Zugegeben, es ist utopisch, aber du kannst dir ja einmal eine bessere Welt vorstellen, in der Jungen aus eigenem Antrieb ihren Kram aufräumen. In diese imaginäre Welt passen die Tipps der Organisationsexpertin Marlies Oudijk.

TIPPS:

- Fangen Sie früh an. Gewöhnen Sie schon ein kleines Kind daran, dass es seine eigenen Dinge aufräumt, wenn es mit Spielen fertig ist. Erst räumen Sie gemeinsam auf. Je älter das Kind wird, desto selbstständiger sollte es sein.

- Sorgen Sie dafür, dass jedes Ding seinen Platz hat, und zwar dort, wo Ihr Sohn es auch erreichen kann, wenn er es benötigt.

- Vereinbaren Sie, was er in seinem Zimmer aufräumen muss: zum Beispiel Kleidung, Schuhe, alles, was er für sein Hobby braucht, Bücher.

- Lassen Sie Ihren Sohn seine Sporttasche selbst ein- und auspacken.

- Bieten Sie Ihrem Sohn im Alter von ein bis etwa acht Jahren an, dass Sie ihm beim Aufräumen helfen. Wenn Sie gemeinsam damit anfangen, kann das die entscheidende Anregung sein. Zwischendurch etwas Leckeres zu knabbern, hilft ebenso wie Musik.

MEGA HARDCORE TIPPS

- Vereinbaren Sie, dass Sie jede Woche den Boden seines Zimmers saugen. Voraussetzung dafür ist, dass vorher der Boden komplett aufgeräumt ist. Helfen Sie ihm, indem Sie ihn daran erinnern, dass er am Morgen alles auf sein Bett legen soll. Tut er das nicht, dann wird leider nicht gesaugt. Fangen Sie darüber keine Diskussionen an.

- Räumen Sie immer in den Ferien gemeinsam sein Zimmer auf und machen Sie es sofort gründlich sauber. Das ist zwar nicht oft, aber Ihr Sohn merkt dann, dass es wirklich nötig ist.

Marlies Oudijk ist Mutter von vier Kindern, drei davon sind Söhne. Sie hat eine Praxis für Supervision/Coaching und professionelle Organisation.

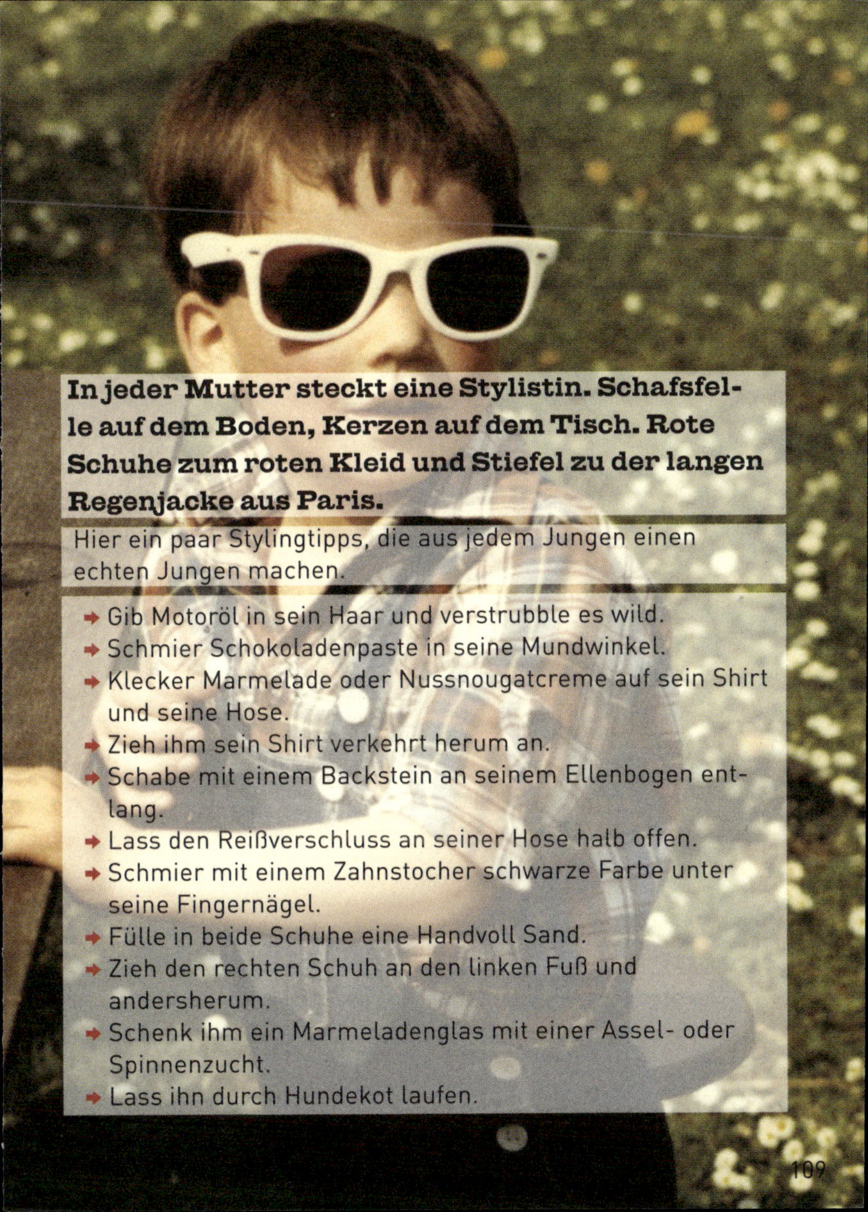

In jeder Mutter steckt eine Stylistin. Schafsfelle auf dem Boden, Kerzen auf dem Tisch. Rote Schuhe zum roten Kleid und Stiefel zu der langen Regenjacke aus Paris.

Hier ein paar Stylingtipps, die aus jedem Jungen einen echten Jungen machen.

- Gib Motoröl in sein Haar und verstrubble es wild.
- Schmier Schokoladenpaste in seine Mundwinkel.
- Klecker Marmelade oder Nussnougatcreme auf sein Shirt und seine Hose.
- Zieh ihm sein Shirt verkehrt herum an.
- Schabe mit einem Backstein an seinem Ellenbogen entlang.
- Lass den Reißverschluss an seiner Hose halb offen.
- Schmier mit einem Zahnstocher schwarze Farbe unter seine Fingernägel.
- Fülle in beide Schuhe eine Handvoll Sand.
- Zieh den rechten Schuh an den linken Fuß und andersherum.
- Schenk ihm ein Marmeladenglas mit einer Assel- oder Spinnenzucht.
- Lass ihn durch Hundekot laufen.

Dein Sohn wird nicht merken, wenn du mit schönen neuen Schuhen nach Hause kommst. Du kannst auch Badeschlappen anziehen und dir einen Stiefel auf den Kopf stellen. Wahrscheinlich wird er dich nur einen Moment lang irritiert ansehen und dann weiter fernsehen oder an dem Lego-Kernkraftwerk bauen. Das bedeutet aber nicht, dass du ihm egal bist. Die Information dringt einfach nicht zu ihm durch.

Willst du die Welt mit den Augen eines Jungen sehen? Dann schneide diese Brille aus und setze sie auf.

MIT DEN AUGEN EINES JUNGEN

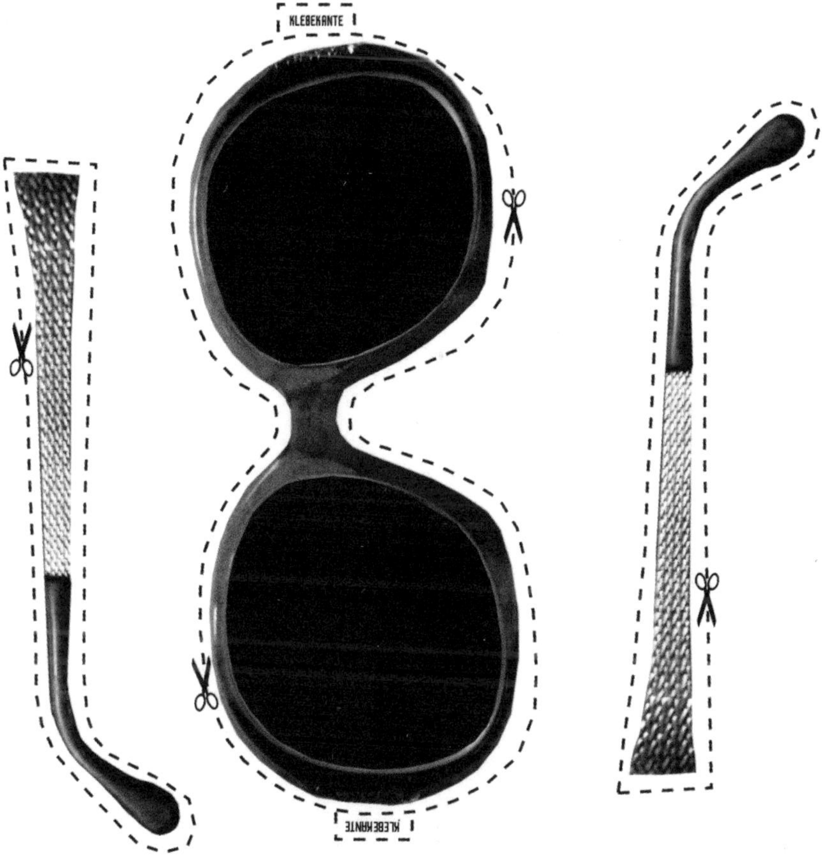
KLEBEKANTE
KLEBEKANTE

WICHTIGE TELEFONNUMMERN
NACH DER GEBURT EINES SOHNES IN DEN SCHRANK HÄNGEN

(selbst ausfüllen)

Glaser ....

Kammerjäger ....

Räumdienst für explosive Stoffe ....

Anwalt ....

www.rechtsanwaltlebstdunoch.eu

Sozialpsychiatrischer Dienst

- Die Anstalt -
für alle psychischen Probleme

Tel...

E-Mail ....

Lesen Sie auch unsere Anzeige an anderer Stelle.

Chemische Reinigung ....

BODENSANIERUNG

*** BERTUS ***

für alle Bodenprobleme

Tel...

E-Mail ....

Meldestelle für verbotene Tiere. ....

PSYCHOLOGISCHE BETREUUNG FÜR EX-GEISELN

Tel...

E-Mail ....

www.psychokiller.org

Feuerwehr ....

www.hilfewasjetzt.de

Hilfe für Mütter in Notlagen

HILFE!

Wir scheuen uns nicht, Gewalt anzuwenden.

Tel..

E-Mail ....

Geruchsentfernung und Reinigung ....

Spezialist für Wasserschäden ....

INDUSTRIELLE LÄRMBESEITIGUNG

VRRRRUUMMM

Tel..

E-Mail ....

Erste Hilfe bei Computerkriminalität ....

Interpol ....

GSG 9 SONDEREINSATZKOMMANDO

- GSG 9 -

Für alle Spezialeinsätze

Tel..

E-Mail ....

Lesen Sie auch unsere Anzeige an anderer Stelle.

Deutsche Spezialeinheiten ....

Wasser- und Abwasserverband ....

Schlosser ....

JUNGEN PROBLEME

Stell dir vor: Du hast einen Zaubertrank getrunken und fühlst dich sehr seltsam. Du weißt eigentlich nicht so richtig, was los ist, aber du spürst eine tiefe Unruhe. Stillsitzen ist nicht mehr möglich. Du willst laufen, springen und du hörst einen inneren Rhythmus, der dich dazu bringt, mit den Händen und Füßen zu trommeln. Du kannst auch nicht mehr den Mund halten. Siehst du ein Auto, sagst du »Wrroaaar«, entdeckst du eine Nintendo DS, rufst du »Yes!«. Eigentlich fühlst du dich ganz gut, lebendig und voller Ideen. Es gibt nur ein paar kleine Probleme, denn alle Menschen um dich herum sind sehr groß und langweilig geworden. Sie schauen dich genervt an und sagen die ganze Zeit: »Sitz doch mal still!«, oder: »Kannst du nicht mal den Mund halten?«

So ungefähr fühlt sich ein Junge.

Jungs sind manchmal nur schwer zu verstehen. Finden auf jeden Fall ihre Mütter. Lässt man ihnen freien Lauf, geht bestimmt etwas in die Brüche. Schickt man sie nach draußen, sind sie beleidigt. Und setzt man sie vor den Fernseher, verwandeln sie sich in Zombies. Wie macht man es also richtig? Wir haben den Trainer und Berater Lauk Woltring gefragt, denn er weiß, was Jungen brauchen.

Jungen sind oft ziemlich anstrengend. Wie kann man als Mutter damit klarkommen?

»Ich empfehle immer, sich erst einmal in einen Jungen hineinzuversetzen. Sie sind also jetzt Ihr Sohn: der Junge, der den ganzen Tag schön brav in der Schule gesessen und sein Bestes gegeben hat, um mit dem Lehrer oder der Lehrerin keinen Ärger zu kriegen. Er hat tapfer versucht, ordentlich zu schreiben. Dann endlich, die Schulglocke. Er rennt nach draußen und stolpert, zwischen all den anderen Kindern, die brüllend aus der Schule stürmen, über seine Jacke. Und dann kommt er nach Hause und dort empfängt ihn seine Mutter mit gerunzelter Stirn und ermahnt ihn schon zur Ruhe, bevor er überhaupt etwas getan oder gesagt hat. Aber eigentlich möchte er sich jetzt nur noch austoben.«

Wie können sich Jungen austoben?

»Einrichtungen zur Kinderbetreuung rate ich immer, drei Bereiche einzurichten. Einen Bereich, in dem Jungen toben dürfen, einen, in den sie gehen können, wenn sie Ruhe brauchen, und einen Bereich dazwischen. Jeder kann dann selbst entscheiden, in welchen Bereich er gehen möchte.

Erst stürmen die Jungen natürlich in die Tobe-Ecke, aber nach einer Weile kann man beobachten, dass sich einer nach dem anderen in die ruhigen Bereiche begibt.«

Zu Hause ist es aber vielleicht nicht möglich, drei verschiedene Bereiche einzurichten.

»Das geht auch anders. Versuchen Sie, Ihren Sohn miteinzubeziehen. Sagen Sie etwas wie: ›Jan, wir haben ein kleines Haus und ich finde dich gerade sehr anstrengend. Was können wir da machen? Was für eine Vereinbarung treffen wir, damit ich hier weitermachen kann?‹ Reagieren Sie nicht gleich mit ›Kannst du bitte etwas leiser sein?‹. Dann geht das Theater bestimmt weiter und Ihr Sohn wird sicher nicht ruhiger.«

Aber stellen wir uns vor, ich bin alleinerziehende Mutter in einer kleinen Wohnung ...

»Das ganze Umfeld ist für viele Jungen unfreundlicher geworden. Draußen fahren Autos und im Haus sollen sie sich still verhalten und dürfen nichts anfassen. Ein Junge von drei Jahren beobachtet, dass seine Mutter eine DVD in einen DVD-Player legt und eine Scheibe Brot in den Toaster. Er fragt sich sofort, ob das auch umgekehrt fuktioniert. Natürlich geht das, aber es wird fürchterlich stinken und Mama wird sauer sein, aber es ist perfektes Lernverhalten. Richten Sie Ihre Wohnung jungenfreundlich ein. Nehmen Sie den hübschen kleinen Teppich weg, stellen Sie zerbrechliche Kunstwerke außer Reichweite und den DVD-Player in einen Schrank. Richten Sie das Zimmer so ein, dass Ihr Sohn sich überall hinsetzen kann. Und wenn er irgendetwas gar nicht anfassen darf, dann machen Sie ihm das klar. Er muss lernen, was er darf und was nicht, aber lassen Sie ihn nicht den ganzen Tag wie auf Eiern laufen.«

Jungen können richtig schwierig sein. Das ist mit einer halben Stunde austoben nicht immer gelöst.

»Jungen sind nicht schwierig. Wir haben Schwierigkeiten mit Jungen. Ärger ist immer relativ. Es ist keine Eigenschaft von Jungen, Ärger zu machen. Wir haben offensichtlich nicht die Fähigkeit, gut auf sie zu reagieren. Sagen Sie doch einmal etwas Positives, statt Ihren Sohn ständig zur Ordnung zu rufen. Aufrichtige Neugierde funktioniert auch immer gut. Zeigen Sie ihm, dass Sie seine einzigartigen Qualitäten sehen. Sorgen Sie dafür, dass er im Rahmen seiner eigenen Möglichkeiten Spaß hat. Und lassen Sie ihn lernen, wo die Grenzen sind, indem er auf ganz natürliche Art und Weise selbst darauf stößt. Es ist wichtig, dass ein Junge alles selbst entdecken kann. Das festigt sein Selbstbild. Und es ist sehr wichtig, dass ein Junge ein gutes Bild von sich selbst bekommt, denn er braucht Selbstbewusstsein, um Verantwortung für etwas übernehmen zu können. Ob es nun im Verkehr ist, im kulturellen Leben, in der Schule oder zu Hause (oder später im Bett mit seiner Freundin – oder seinem Freund).«

JUDO

Es ist nicht besonders sinnvoll, sauer zu werden, wenn du einen Jungen dabei ertappst, wie er mit Feuer spielt, einen Knaller anzündet oder ein Mofa frisiert. Das führt nur dazu, dass er beim nächsten Mal klammheimlich etwas Dummes anstellt. Viele Jungen haben nun mal das Bedürfnis, etwas Gefährliches zu tun oder verrückte Sachen durchzuziehen. Wenn du deinen Sohn bei einem explosiven, jungentypischen Projekt erwischst, setz dich ganz ruhig neben ihn, zeig Interesse und hilf ihm, wenn nötig. Erklär ihm, welche Konsequenzen seine Aktion haben könnte und warum er es besser anders machen sollte. Geh vor wie ein Judo-Meister: erst mit der Bewegung mitgehen, dann kontern.

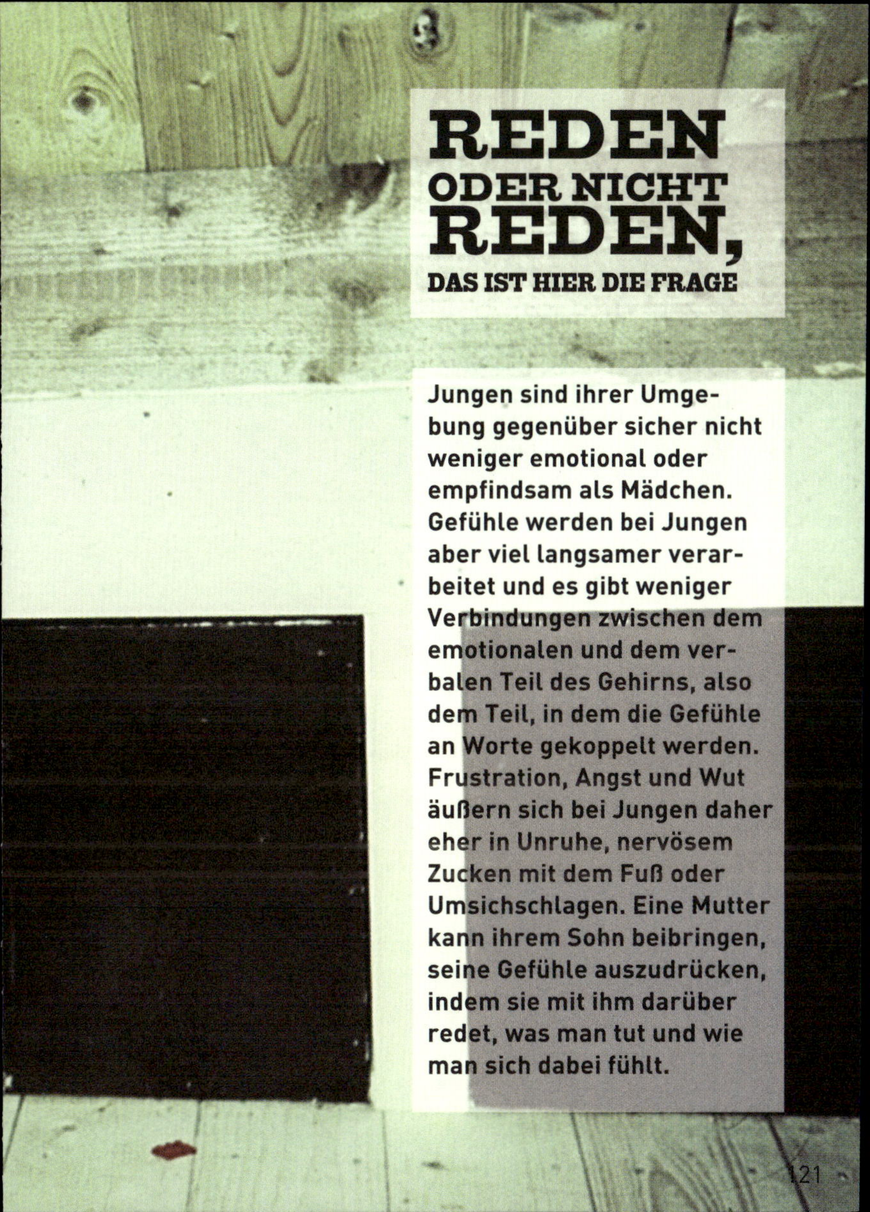

REDEN ODER NICHT REDEN,

DAS IST HIER DIE FRAGE

Jungen sind ihrer Umgebung gegenüber sicher nicht weniger emotional oder empfindsam als Mädchen. Gefühle werden bei Jungen aber viel langsamer verarbeitet und es gibt weniger Verbindungen zwischen dem emotionalen und dem verbalen Teil des Gehirns, also dem Teil, in dem die Gefühle an Worte gekoppelt werden. Frustration, Angst und Wut äußern sich bei Jungen daher eher in Unruhe, nervösem Zucken mit dem Fuß oder Umsichschlagen. Eine Mutter kann ihrem Sohn beibringen, seine Gefühle auszudrücken, indem sie mit ihm darüber redet, was man tut und wie man sich dabei fühlt.

EIN GUTES VORBILD ...

Die meisten Mütter nutzen das Internet, zum Beispiel um auf Online-Plattformen schöne Kindersachen zu kaufen oder zu verkaufen. Viele Mütter haben daher auch ihre Erfahrungen mit dem Rückgängigmachen von Impulskäufen. Und das ist eine sehr nützliche Erfahrung.

Zu verkaufen: verrückte Grimasse

Preis:	Gebot
Datum:	17.02.09, 19:08
Angesehen:	5.678.732 Mal

Kontaktinformation: E-Mail

Telefon:

Name:

Ort:

Beschreibung

Ich bin Julian und möchte mich in den Ferien gern um Ihre Vogelspinne kümmern. Ich habe viel Erfahrung mit Spinnen, Asseln und Tausendfüßern. Melden Sie sich bei mir, wenn Sie Interesse haben, meine E-Mail-Adresse lautet: julian@johannundjulia.de.

Ray-Eames-Stühle zu verkaufen. 3 Euro. ralf@deronlineladen.de

Vom Weihnachtsmann habe ich ein Mikroskop, ein Lesebuch und ein 3-D-Puzzle bekommen. Das gefällt mir nicht so gut. Ich würde gern alles umtauschen gegen deutsche Militaria aus dem Zweiten Weltkrieg. napoleon@berndundjana.de

JUNGENSPRACHE

WAAASSEEER!
Kann ich bitte etwas zu trinken haben?

HUUUNGEEER!
Kann ich ein Brot mit Nutella haben, ein Stück Pizza oder eine Portion Pommes?

WÜRG
Ich bin allergisch gegen Gemüse, Obst und Vollkornprodukte.

WAS! WAS WILLST DU?!
Wenn ich ein Computerspiel spiele, möchte ich lieber nicht gestört werden.

NEIN ... NICHT ... NIIIIIIICHT!
Verstehe ich das richtig? Du schaltest jetzt die Spielkonsole aus? Jetzt gehst du wirklich zu weit.

JA ... HALLOOOO
Das ist doch wirklich absolut klar.

JA ... SCHULE WAR O. K.
Sie hat viel zu lange gedauert und ich musste nur sterbenslangweilige Sachen machen. Ich finde ein Mädchen sehr nett, aber das darf keiner wissen. Wenn ich beim Treppensteigen nicht immer eine Stufe überschlage, bringt das Unglück. Na ja, eben alles viel zu kompliziert, um darüber mal kurz was zu erzählen.

HORO
SKOP

Krebs

Ein Krebs erträgt keine Ungerechtigkeit. Er kann sehr emotional sein. Besonders wenn Jupiter im Sextil zu Uranus steht, drehen sich seine Gedanken oft um eine Tüte Chips. Steht Mars im Krebs, achte auf Veränderungen. Lass den Kopf nicht hängen. Auf jeden Tag folgt ein Abend.

Löwe

Ein Löwe steht gern
im Mittelpunkt der
Aufmerksamkeit. Er
spielt den Boss und
akzeptiert andere
eigentlich nur, solange
seine Autorität auf dem
Gebiet der Dinosaurier,
Pterodactylusse
und Ichtyosaurusse
anerkannt wird. Aber
keine Sorge, steter
Tropfen höhlt den Stein.

MITEINANDER SPIELEN

Mütter verstehen oft nicht, was so toll an Computerspielen sein soll. Wie kann man sich stundenlang mit dem Springen von einem Klötzchen zum nächsten oder dem Erschießen von Fantasiewesen beschäftigen? Aber stell dir einmal vor, es würde die folgenden Spiele geben, wie viele Mütter würden wohl dann den ganzen Tag mit einem Controller in der Hand auf dem Sofa sitzen?

COMPUTERSPIELE FÜR MÜTTER

My Own Life. Ein Spiel ähnlich wie Second Life, bei dem man völlig in Ruhe gelassen werden kann. Du schließt die Tür und wirst garantiert nicht angerufen. Du kannst dir eine herrliche Tasse Kaffee kochen. Und wenn du ausreichend Relaxminuten gesammelt hast, kannst du die Punkte eintauschen und neue Zeitschriften kaufen. Oder du kannst dich selbst upgraden, zum Beispiel auf das Botox-Level.

Grand Theft Birkin Bag. Du bist eine Kriminelle. Du hast eine Pistole und stiehlst Schuhe und Taschen. Du erschießt alle Frauen, die jünger und schöner sind als du. Wenn es dir gelingt, eine Birkin Bag zu stehlen, wirst du von einem reichen Mann aufgegabelt, der dir ein großes Haus kauft.

Clean the House. Mit deiner Laserpistole schießt du alle Staubnester und Brotkrümel in eine Paralleldimension.

Megamom Supertycoon. Willst du noch ein Kind? Schmeißt du den Kerl raus? Dann musst du wohl im Waffenhandel tätig werden.

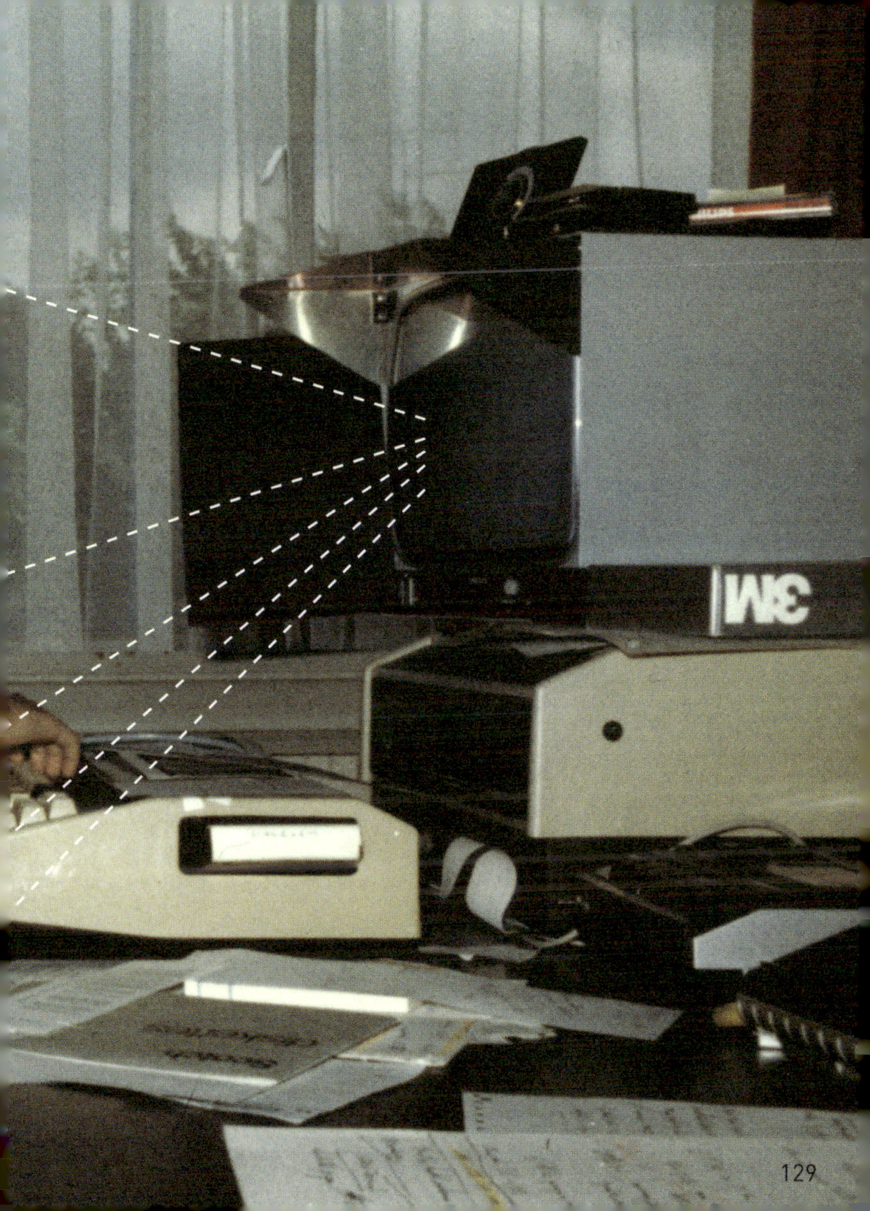

Viele Jungen werden von gewalttätigen Computerspielen wie magisch angezogen. Und auch wenn du dein Bestes gibst, wird wahrscheinlich der Tag kommen, an dem du deinen Sohnemann bei einem dieser mörderischen Spiele antriffst. Wie schlimm ist das? Kannst du etwas dagegen tun? Und musst du wirklich versuchen, es zu verhindern?

WIDERLICH, DIE KAMPFSPIELE

Jeroen Jansz ist Professor für Kommunikation und Medien an der Erasmus-Universität in Rotterdam. Er führte eine mehrjährige Untersuchung zur Wirkung von Computerspielen auf Jugendliche durch.

Kann ein Junge süchtig nach Computerspielen werden?

»Ich vermeide es, bei Spielen von einer Sucht zu sprechen. Es gibt Leute, die es schlimm finden, dass Computerspiele Kinder davon abhalten, ihre Hausaufgaben zu machen. Ich antworte dann immer: ›Sie machen doch auch einem Buch, das Sie so fesselt, dass Sie es nicht aus der Hand legen können, keinen Vorwurf.‹ Einige Computerspiele sind einfach sehr gut gemacht und man kann sehr lange mit ihnen spielen. Mit einem kleinen Game können Sie dreißig bis vierzig Stunden spielen. Und genau das ist das Problem. Das Spielen ist dann nur auf Kosten anderer Dinge möglich. Darum ist es so wichtig, Regeln aufzustellen: ›Du darfst so und so lange spielen und dann ist Schluss.‹«

Und wie lange sollte ein Junge am Tag höchstens spielen?

»Wie lange Sie Ihren Sohn am Computer spielen lassen können, hängt davon ab, wie der Rest des Tages aussieht. Es ist natürlich wichtig, dass er nicht den ganzen Tag nur herumsitzt. Wenn bis zu eineinhalb Stunden pro Tag gespielt wird, ist das noch kein Problem.«

In der Praxis ist es oft so, dass es an einem Tag okay ist, wenn der Sohn seine Zeit mit Spielen verbringt, während man an anderen Tagen strenger sein will. Wie wichtig ist es, konsequent zu sein?

»Konsequenz ist auf jeden Fall wichtig, um Konflikten aus dem Weg zu gehen. Je früher man die Regeln rund um das Computerspielen durchsetzt, desto einfacher ist es für einen, wenn der Sohn älter wird.

Ich habe mit meinem 16-jährigen Sohn regelmäßig Konflikte im Zusammenhang mit dem Spielen. Er liebt beispielsweise Online-Spiele wie Call of Duty 4 im PlayStation Network. Dadurch hat er überall auf der Welt Freunde, mit denen er gemeinsam in Schlachten kämpft, manchmal zu den unmöglichsten Zeiten, wegen des Zeitunterschieds. Abends wollen wir aber gemeinsam am Tisch essen. Dann muss das Game gestoppt werden, auch wenn er sich mitten in einer Aktion befindet. Das führt dann natürlich schon zu lauteren Auseinandersetzungen. Wenn Sie von Anfang an die Regel aufgestellt haben: Nach sieben Uhr abends kein Computer mehr, ist alles klar.«

Gibt es auch positive Aspekte bei den Computerspielen?

»Ja sicher. Spielen ist eine aktive Beschäftigung, viel aktiver, als vor dem Fernseher abzuhängen. Außerdem regt es die kognitive Entwicklung an. Patricia Greenfield hat eine Untersuchung bei kleineren Kindern durchgeführt, die gezeigt hat, dass das Gedächtnis trainiert wird. In einem Adventure Game müssen Sie sich zum Beispiel daran erinnern, wo der Schlüssel lag oder wie man über das Dach springen konnte. Auch die Art und Weise, wie Kinder Bilder verarbeiten, verbessert sich durch das Spielen dreidimensionaler Games. Es gibt mittlerweile einige Bücher, in denen etwas in der Art steht: ›Computerspiele lassen eine neue Generation von Managern heranwachsen, die viele Dinge gleichzeitig überblicken können und die sich trauen, auch große Risiken auf sich zu nehmen.‹«

Gibt es auch Positives beim Spielen von realistischen gewalttätigen Spielen?

»Jungen lernen sich selbst besser kennen, indem sie ihre Gefühle in Computerspielen überprüfen. Die Spiele bieten ein

Privatversuchslabor, um Gefühle auszutesten. Meine Untersuchungen zeigen, dass das Experimentieren mit Gefühlen, inklusive heftiger Gefühle bei pubertierenden Jungen, eine gewinnbringende Seite des Computerspielens sein kann. Das gilt auch für extreme Spiele wie Manhunt, bei denen die Jungen negative Gefühle wie Ekel erleben können. Welche Abscheulichkeiten kann man noch aushalten? Wann bekommt man Angst vor sich selbst?«

Sollte man seinen Sohn also einfach am Computer spielen lassen?

»Nein, es ist wichtig, dass Ihr Sohn ein Spiel spielt, das zu seinem Entwicklungsstand und seinem Verstandesniveau passt. Nehmen Sie darum die Altersangaben auf der Verpackung ernst, die sogenannte Klassifikation nach dem USK- oder dem PEGI-System. Natürlich können Sie als Eltern am besten beurteilen, ob ihr zwölfjähriger Sohn schon ein Spiel für 14-Jährige spielen kann. Bedenken Sie dabei, dass in der Erlebniswelt der Jungen ein Unterschied zwischen realistischer Gewalt, Fantasiegewalt und Cartoongewalt, so wie man sie bei Super Mario sieht, besteht. Diese wird nämlich nicht so ernst genommen und hat nicht so starke Auswirkungen. Als Regel können Sie sich merken: Je realistischer die Gewaltszenen, desto älter muss Ihr Sohn sein, um alles richtig einordnen zu können.«

Richard Simon, alias Skate the Great, weiß alles über Computerspiele. Er hat früher für die Computerspielezeitschrift »Power Unlimited« geschrieben und präsentiert die Fernsehsendung »Gamekings« des niederländischen Musiksenders TMF.

SKATE THE GREAT

Wie kann man als Mutter den Unterschied zwischen einem guten und einem schlechten Spiel erkennen?

»Man sollte nicht einfach so ein Spiel kaufen, wenn man nicht weiß, ob es das richtige für den eigenen Sohn ist und ob es überhaupt ein gutes Spiel ist. Wenn Sie sich als Mutter einen Überblick verschaffen wollen, sollten Sie im Internet auf Internetseiten mit entsprechenden Rezensionen surfen, zum Beispiel gamezone.de, gameswelt.de, 4players.de, chip.de, spielbar.de.«

Was ist die beste Spielekonsole für Jungen? Für welche Marke gibt es die meisten Spiele?

»Für Einsteiger eignet sich am besten die Nintendo DS. Und auch für die Nintendo Wii gibt es viele Spiele, die für Jüngere passend sind. Dabei müssen sie sich auch bewegen, springen und mit den Armen schwingen. Für Ältere sind wahrscheinlich Xbox und PlayStation interessanter. Ich spiele auf der PlayStation 3 und der Xbox 360, da für diese Plattformen das Spieleangebot am umfangreichsten ist.«

TIPPS VON SKATE THE GREAT FÜR COOLE SPIELE FÜR EINEN JUNGEN VON ETWA ACHT JAHREN:

MARIO KART: Ein Rennspiel mit einer zusätzlichen Dimension. Auf der Rennstrecke liegen Bananenschalen, die man aufheben und wieder auf den Weg werfen kann, sodass der hinter einem Fahrende darauf ausrutscht. Es ist nicht besonders schwierig und macht viel Spaß.

ADVENTURE GAMES, in denen man Welten entdecken kann wie Tomb Raider, Prince of Persia und Zelda. Es gibt zwar Kampfszenen in diesen Spielen, aber die sind nicht wirklich gewalttätig. Die Kämpfe sind wenig realistisch dargestellt.

POKÉMON: Zwingt spielerisch dazu, Entscheidungen zu fällen.

DIE SUPER-MARIO-ABENTEUER sind sehr bunt und wirken vielleicht etwas kindlich, haben aber mehr Tiefgang, als man zunächst glaubt.

❶ Sorge dafür, dass genügend gute, schwere Kissen vorhanden sind, keine leichten Flatterkissen.

KISSENSCHLACHT

❷ Fasse das Kissen an einer Ecke und schleudere es mit Kraft in Richtung deines Sohnes.

3 Wenn er begreift, dass er sich in der Schusslinie befindet, wird er versuchen, sein Gesicht zu schützen. Kein Problem, du hast mehr Ausdauer als er. Es wird der Moment kommen, in dem er versucht, vorsichtig aus seinem Versteck hervorzuschauen. Dann schlägst du zu, wirf ihm das Kissen voll ins Gesicht.

WENN WAS SCHIEFGEHT

Wo getobt wird, passiert schon mal ein kleiner Unfall. Ein angeschlagener Ellenbogen oder Knie, Köpfe, die gegeneinander stoßen, oder Kissen, die ein wenig zu hart auftreffen. Die Kunst ist, diesen Moment möglichst herunterzuspielen. Mach kein Drama daraus. Versetz ihm kurz einen tröstenden Knuff und dann kitzele ihn oder mach etwas anderes, das euch wieder zum Weitertoben bringt. Dann wirfst du ihm das Kissen erneut mindestens genauso fest ins Gesicht. Jungs sind nicht aus Zucker.

WER IST … ACTION MAN

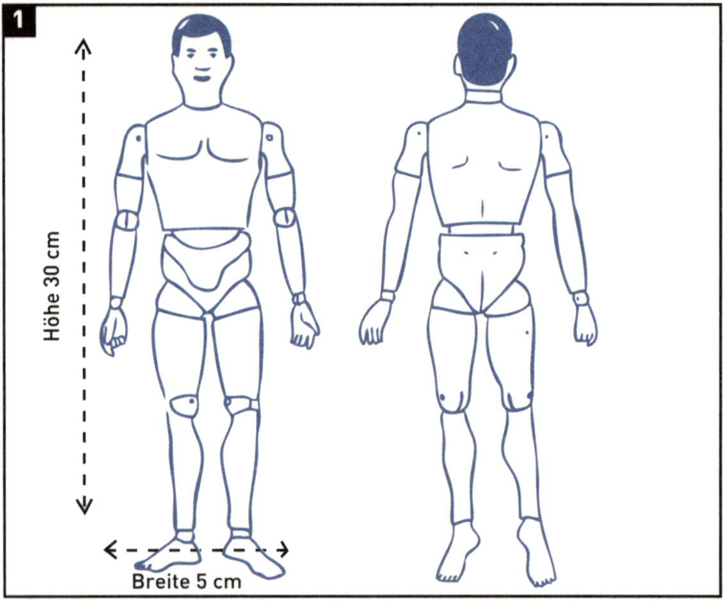

1 Vorder- und Rückansicht Action Man **2** Action Man Spielfigur für Jungen **3** Action Man ist eine offizielle Kopie der amerikanischen Figur G. I. Joe **4** Entwickelt 1966 in Großbritannien durch Palitoy **5** Es gibt verschiedene Action-Man-Varianten wie: Action Matrose, Action Soldat , Action Pilot **6** Zubehör sind unter anderem Gewehre und Pistolen **7** Das Ziel

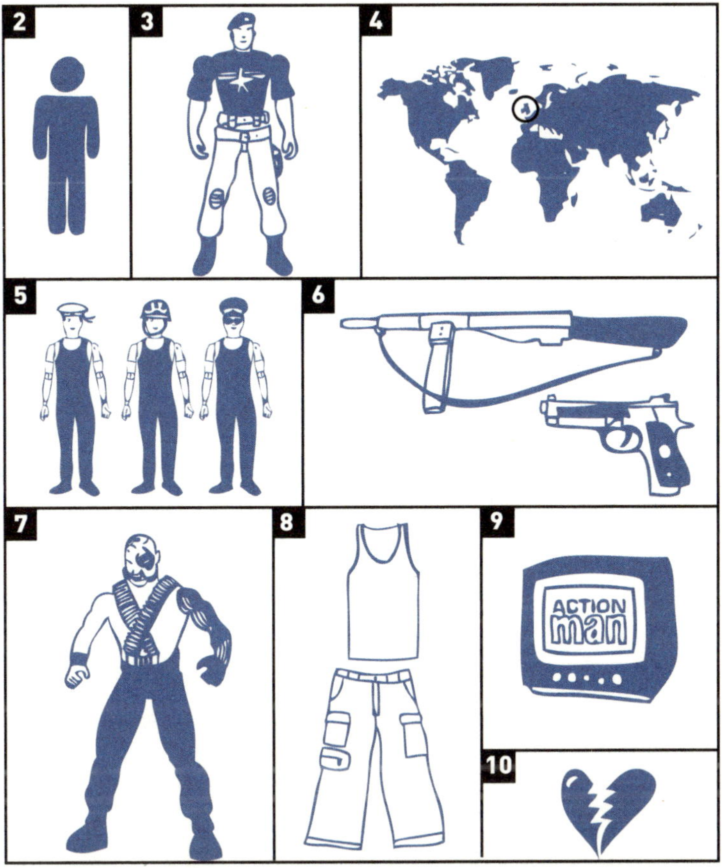

von Action Man ist es, den Feind Dr. X auszuschalten, wobei er nicht vor Gewalt zurückscheut **8** Action Man trägt am liebsten ein einfaches Shirt und eine Militärhose **9** Es gibt eine Action-Man-Zeichentrickserie und ein Computerspiel **10** Action Man hat, soweit bekannt, kein Liebesleben

DER BALL

In Sachen Feinmotorik haben Mädchen den Jungen einiges voraus. Sie können früh einen Bleistift festhalten und im Schulheft gut zwischen den Linien schreiben. Aber Jungen sind besser darin, einen Ball zu fangen oder jemandem aus einem Abstand von einigen Metern voll gegen den Kopf zu werfen. Pech für die Jungen, dass die meisten Lehrer Frauen sind. Und dass Schönschrift in der Schule wichtiger ist, als beim Völkerball zu glänzen. Jungen kommen darum öfter als Mädchen mit einer schlechten Note nach Hause. Die Lehrerin hat nur Glück, dass die Jungen ihre Ballfertigkeit nicht benoten.

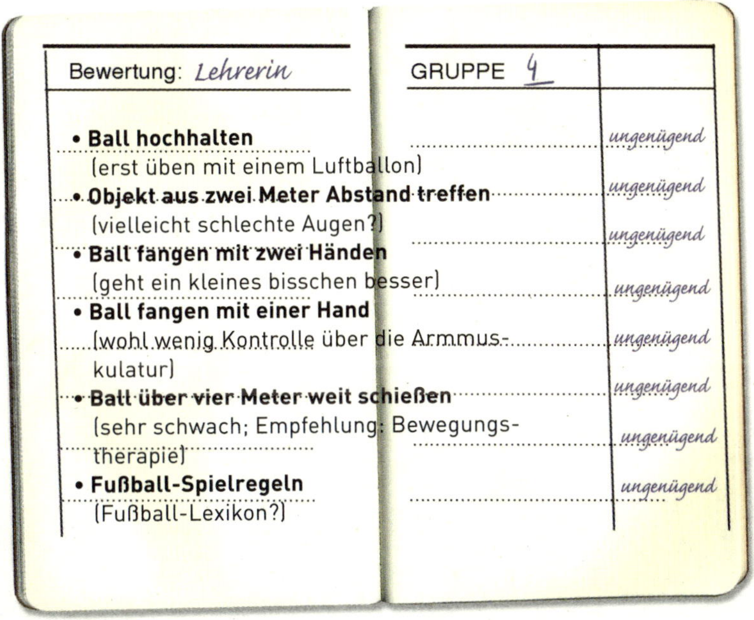

JUNGE HUNDE

Untersuchungen haben ergeben, dass Kinder mit Haustieren wie Hunden oder Katzen empathischer sind als Kinder ohne Haustiere. Sie können auch besser Mimik und Gesten interpretieren als Kinder ohne Tiere.

DINO-WÖRTERBUCH

Wenn es etwas gibt wie eine jungentypische Intuition, dann besagt diese, dass alles wichtig ist, was mit Dinosauriern zu tun hat. Hier einige wichtige Dinosaurierarten, damit du verstehst, worum es genau geht, wenn dein Sohn seinen Parasaurolophus verloren hat.

STEGOSAURUS

(Gesprochen: Ste-go-sau-rus) Kleines Tier aus Plastik, meist nicht größer als fünf Zentimeter, manchmal bis zu 15 Zentimeter. Hat etwas auf dem Rücken, das aussieht wie eine Reihe von Grabsteinen, die aber leicht abbrechen. Es tut auf jeden Fall weh, wenn man barfuß auf die Figur tritt. Herkunft: in der Regel China.

TYRANNOSAURUS

Wenn du einen Dinosaurier mit zwei großen Hinterbeinen und zwei kleinen Vorderbeinen siehst, ist es in neun von zehn Fällen ein Tyrannosaurus. Meist zwischen drei und zehn Zentimeter groß. Fällt leicht um, manchmal musst man den Schwanz mit Gewalt zurechtbiegen, damit der Dino stehen bleibt. Pass auf, dass der Schwanz dabei nicht abbricht. Passiert das doch – alles abstreiten und behaupten, dass der Schwanz schon abgebrochen war.

SCHWEIN

Meist nicht viel kleiner als ein Dinosaurier und hergestellt aus dem gleichen Kunststoff. Du kannst es aufgrund seiner rosa Farbe gut von den Dinosauriern unterscheiden. Wenn es zwei Hörner auf dem Kopf hat und ein Horn auf der Nase, ist es jedoch kein Schwein, sondern ein Triceratops (gesprochen: Tri-ce-ra-tops).

APATOSAURUS

Früher hieß er Brontosaurus, aber die Brontosaurier haben nicht überlebt. Es gibt aber Leute, die behaupten, dass Apatosaurier durchaus überlebt haben und so lang waren wie ein Bus und so hoch wie ein Haus. Es hat keinen Sinn, dies anzuzweifeln. Am besten sagst du: »So, so, das ist ja allerhand.«

ANKYLOSAURUS

(Gesprochen: An-ky-lo-sau-rus) Kleines Plastiktier, meist aus China. Es wurden schon Exemplare von dreißig Zentimetern Länge gesichtet. Am Schwanz hängt eine Art Abrissbirne.

PARASAUROLOPHUS

Den Parasaurolophus erkennst du am aerodynamischen Helm und dem Entenschnabel. Die meisten Jungen sind davon überzeugt, dass sie wirklich herumgelaufen sind und so groß waren, dass sie mit dem Kopf in den zweiten Stock hätten schauen können. Jeder vernünftig denkende Mensch erkennt sofort, dass es sich hier um einen Paarungsunfall mit sehr unterschiedlichen Tieren gehandelt hat. Aber es hat keinen Sinn zu versuchen, deinen Sohn davon zu überzeugen.

GODZILLA

Ein Fantasiemonster, das wie ein Dinosaurier aussieht. Hat es nie wirklich gegeben. Sei aber nicht so blöd und sag Dinge wie: »Also Godzilla hat es nie gegeben, aber den Herrn Tyrannosaurus schon.« Akzeptiere die Jungenlogik: Monsterartige Dinosaurier haben irgendwann die Welt bevölkert und dinosaurierartige Monster hat es nie gegeben. Wenn du das im Hinterkopf behältst, kann nichts schiefgehen.

MAMA, DARF ICH DIE BEHALTEN?

Natürlich schaust du lieber einem fröhlich herumschwimmenden Fisch oder einem süßen Kaninchen zu. Aber bedenke, dass eine Assel einfach zu halten ist, nichts kostet und keinen Lärm macht.

Um zu verhindern, dass die Assel durch einen dummen Zufall das Zeitliche segnet, gibt es zwei Dinge, die du wissen musst:

1. In der Kiste, in der ihr die Assel haltet, muss es immer ein bisschen feucht sein.
2. Asseln lieben Kartoffeln, Wurzeln, Tomaten, Kürbis und Pilze. Außerdem mögen sie allerlei Obst- und Gemüsesorten (oder deren Schalen).

Eine Assel atmet über Kiemen. Diese befinden sich an den Hinterbeinen und müssen immer feucht gehalten werden, sonst stirbt das Tier. Darum musst du dafür sorgen, dass es in der Wohnkiste ein bisschen feucht ist. Am Anfang reicht als Kiste eine leere Butterdose oder eine Brotdose, aber auf Dauer solltet ihr einen etwas größeren Behälter für euer neues Haustier besorgen.

Soll sich die Assel wohlfühlen, legst du eine zehn Zentimeter hohe Schicht Kompost in die Kiste, damit sie sich eingraben kann. Packe eine Lage loser Blätter darauf und runde das Ganze mit kleinen Holzstückchen, Rinde und Steinchen ab. Alles mit einem Wasserzerstäuber feucht halten und fertig. Soweit bekannt, kann man einer Assel keine Kunststücke beibringen, aber ein Versuch schadet ja nicht.

Jungen lieben es, Dinge zu sammeln, zu klassifizieren, und haben Spaß an gruseligen Tieren. In der Praxis bedeutet dies, dass Jungen meist mit einem einzelnen Exemplar einer nicht besonders einzigartigen Art von Asseln nach Hause kommen. Was machst du dann?

TIERE AUS DEM GARTEN

Bert van Geel hält tropische Käfer und ist ein großer Insektenkenner. Er weiß zum Beispiel alles über den Hirschkäfer, den größten Käfer, der in Nordeuropa vorkommt.

Wie kann man seinem Sohn helfen, wenn er wissen will, was für ein Krabbeltier er gefangen hat?

»Auf Seiten wie www.tiere-im-garten.de kann man die Bestie sicher finden.«

Was kann man mit Insekten machen?

»Es ist etwas ganz Besonderes, die Entwicklung einer Raupe zur Puppe bis zu einem Schmetterling mitzuerleben. Wenn Ihr Kind mit einer Raupe nach Hause kommt, fragen Sie es, wo es sie gefunden hat. Wenn sie von einer Pflanze stammt, pflücken Sie einen Zweig von der Pflanze und setzen die Raupe mit der Pflanze in ein Marmeladenglas. Wenn Ihr Sohn die Raupe auf dem Boden kriechend gefunden hat, ist sie wahrscheinlich ein Allesfresser. Man kann dann verschiedene Blätter in das Glas zu der Raupe geben. Irgendwann wird sich die Raupe verpuppen und dann ein Schmetterling schlüpfen. Was auch toll ist: Mit einem Fangnetz Wassertierchen fangen. Oder einfach einen großen Topf mit Wasser aus einem Fluss füllen, darin befinden sich kleine Wasserflöhe. Die sind übrigens auch eine gute Nahrungsquelle für Libellenlarven und andere kleine Tiere.«

Kann man in einer Kiste auch Ameisen halten und eine Ameisenfarm daraus machen?

»Nein, mit heimischen Ameisen klappt das nicht. Sie würden nur versuchen, aus der Kiste herauszukommen, und wenn man den Deckel verschließt, sind sie innerhalb von drei Tagen tot. Bei tropischen Ameisen dagegen wird auch in Gefangenschaft eine zur Königin werden und Eier ablegen.«

Und Käfer?

»Einen Nashornkäfer kann man in Gefangenschaft halten. Einfacher sind schwarze Laufkäfer. Die sind ungefähr zwei Zentimeter groß und sitzen oft unter Steinplatten. Man kann sie mit ein paar Steinen in eine recht große Kiste setzen. Gibt man dann ein paar Würmer, Asseln oder Ohrenkneifer hinein, können die Käfer davon leben. Aber ich bin – außer meiner eigenen Mutter – noch keiner Mutter begegnet, die das für ein schönes Hobby hält.«

JUNGEN & AUTOS

Dass Mädchen gern mit Puppen spielen und Jungen mit Autos, ist keine kulturelle Prägung. Die Psychologin Gerianne Alexander von der A&M Universität in Texas ließ 44 männliche und 44 weibliche Äffchen mit Spielzeug spielen. Autos zogen die männlichen Affen magnetisch an. Und das ist nicht mit kulturellen Einflüssen zu begründen. Alexander erklärt dies damit, dass Männer Spielzeug lieben, das mit Fortbewegung zu tun hat, weil sie früher auf der Suche nach Weibchen oder Beute große Strecken zurücklegen mussten.

SCHÖNE BASTELSTUNDE

Nichts macht mehr Spaß, als an einem regnerischen Tag mit deinem Sohn zu basteln. Ein Klo aus Klorollen, eine Vase aus Marmeladengläsern, eine Zeichnung von der Schlacht an der Somme oder eine schöne Bombe.

Bomben bauen

Der Verlag übernimmt keine Haftung für explodierte Meerschweinchen, verlorene Finger und andere Unfälle, die im Zusammenhang mit dieser Bombe passieren könnten.

BENÖTIGTE MATERIALIEN

- leere Plastikflasche
- Essig
- Klarsichtfolie
- Backpulver

Schritt 1

Fülle eine Plastikflasche fast zur Hälfte mit Essig.

Schritt 2

Nimm ein Stück von der Folie und streue ein Häufchen Backpulver darauf.

Schritt 3

Häng die Folie mit dem Backpulver in die Flasche, dabei müssen die Folienränder noch aus dem Flaschenhals herausragen.

Schritt 4

Dreh den Verschluss der Flasche möglichst fest zu.

Schritt 5

Schüttle die Flasche, bist du merkst, dass sich Druck aufbaut.

Schritt 6

Wirf die Flasche weg.

Schritt 7 Lies auf Seite 169 nach, was du sagen kannst, wenn dann die Polizei auf der Matte steht.

HORO SKOP

Jungfrau

Ein Junge im Zeichen Jungfrau ist ein kritisches Kerlchen. Er legt die Latte für sich selbst recht hoch. Er sortiert seine Legosteine nach Farben und wenn er mit einem Computerspiel beginnt, will er das Level halten. Es nervt ihn total, dass er seinen Bleistift nicht gut festhalten kann, mit seinem Füller ständig kleckst und immer noch regelmäßig »ie« schreibt, wenn dort »ei« stehen sollte.

Waage

Waagen stehen unter dem Einfluss von Venus. Sie sind sehr emotional. Oft spüren sie eine Verbindung, die gar nicht besteht. Nette Jungs, doch wenn Mars am Himmel auftaucht, solltest du kontrollieren, ob er sich den Po gut abgeputzt hat. Pass auf! Es könnten seltsame Überraschungen auf dich zukommen!

HORROR

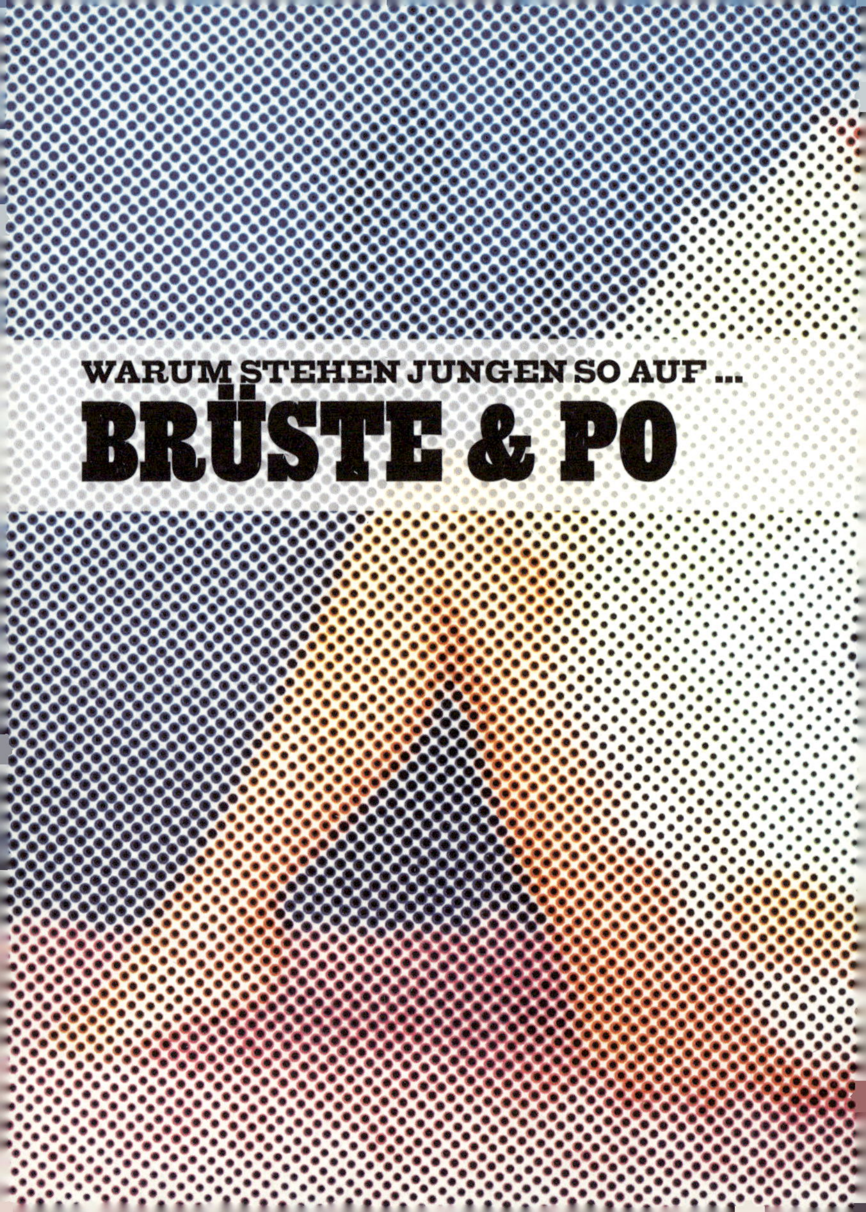
WARUM STEHEN JUNGEN SO AUF …
BRÜSTE & PO

Es ist oft nicht einfach, Jungen zum Lesen zu bewegen. Wenn sie klein sind, kannst du ihnen ein paar Comics geben und hoffen, dass sie einen Blick hineinwerfen. Aber keine Sorge, wenn sie in die Pubertät kommen, wird es einfacher. Dann liest dein Sohn französisch, englisch,spanisch oder italienisch – natürlich nur, wenn es erotische Abenteuer sind und erotische Zeichnungen oder erotische Fotos dabeistehen. Du wirst staunen, wie schnell er ein paar fremdsprachige Brocken aufschnappt. »Elle est une sexy héroïne.«

LIEBE

SCHWIEGERMÜTTER

Die Geburt eines Sohnes ist der erste Schritt zur Schwiegermutterschaft. Auf der nächsten Seite stehen einige Sätze, die du am besten auswendig lernst. Nur, damit du sie wiedererkennst, wenn sie dir plötzlich in den Sinn kommen. Vielleicht hast du dann die innere Kraft, sie dir zu verkneifen.

ZU DEINEM SOHN:

- Wie hieß noch deine letzte Freundin? Du weißt schon, die hübsche.
- Schon wieder eine Neue, mit der Letzten ist doch gerade erst Schluss?
- Du wirst doch nicht wieder ein Herz brechen wollen?
- Dein Leben, deine Entscheidungen.

ZU DEINER SCHWIEGERTOCHTER:

- Bist du nicht ein bisschen zu hässlich für ihn?
- Er braucht noch etwas Unterstützung. Ich bin wirklich froh, dass er dich hat.
- Mir geht es heute nicht so gut, kannst du vielleicht ein bisschen im Haushalt helfen?

- Toll, was für herrliche Haare/Brüste/Nägel/Pobacken, sind die echt?
- Wir wechseln uns hier jeden Abend mit Kochen ab. Wann kommst du, dann plane ich dich schon mal ein.
- Wie schön, dass mein Sohn sich nun endlich eine reifere Frau gesucht hat.

- Was für ein toller Rock, oder sind das Shorts?
- Ich werde dir das Medaillon meiner Ur-Ur-Großmutter schenken. Ich bin ja so froh, dass mein Sohn endlich eine Frau gefunden hat.

- Machst du morgen früh für uns das Frühstück?
- Er sagt, dass du ihm nicht wegen deiner Schönheit/schlanken Figur/deinem Kleidungsstil gefallen hast.

DINGE, DIE DIR ALS MUTTER NICHT GEFALLEN …

Vielleicht wird er ja Profifußballer, Waffenhändler oder Prinz Karneval. Oder er beginnt damit, Eier zu bemalen, Feldschlachten aus dem Ersten Weltkrieg nachzustellen oder Schlachthäuser zu entwerfen. Stell dich schon jetzt darauf ein: Dein Sohn wird später Dinge tun, die dir absolut nicht gefallen.

ABER VIELLEICHT
ALS SOHN

DIE PERFEKTE SCHWIEGERTOCHTER

Eines Tage kommt er mit einer festen Freundin nach Hause oder vielleicht mit einem Freund. Und du wirst in neun von zehn Fällen kurz schlucken müssen.

Kaputte Haar-wurzeln.
Schönes Profil – für einen Clown.
Die hat auch nicht hier gerufen, als Brüste verteilt wurden.
Die Taille eines Goldfisches.
Ein Hintern wie zu dünne Erbsensuppe.

Jungen entdecken mit ihren Händen. Für sie ist das Leben ein großes Experiment. Manchmal misslingt allerdings etwas, dann ist es gut, einen der folgende Sätze parat zu haben, wenn die Polizei, die Bürgerwehr, Interpol oder der Nachbar auf der Matte stehen:

RELATIVIEREN

So sind Jungs halt, nicht wahr?

Ach, es ist ein schweres Los.

Nur nicht den Mut verlieren.

Vom Regen in die Traufe, oder?

Will man ein Omelette braten, muss man erst ein Ei aufschlagen.

Beim Spielen sollte man ihn vielleicht besser gewinnen lassen.

Sie sind so groß geworden, nicht wahr?

Wenn er nichts gegessen hat, wird er ein bisschen schwierig.

Besser zu lebhaft als zu schüchtern.

Scherben bringen Glück.

Was sind sie doch für kleine Gauner.

Na, glücklicherweise kein Mann über Bord.

Nun ja, wir werden es schon überleben.

In fünf Jahren lachen wir darüber.

Kaffee?

Und ich habe noch gesagt: keine Bomben!

ie müssen das nicht persönlich nehmen, er denkt
chon seit zwei Jahren, er sei Super Mario.

Nur ein Wimpernschlag im Universum
und wir sind Sandkörner in der Wüste.

Ja, ich weiß. Er hat spitze Zähne.

Das hätte nicht passieren dürfen,
aber wir haben daraus gelernt.

Er verträgt nun mal keine
Ungerechtigkeit.

Sie dürfen ihm natürlich
nicht in die Augen sehen,
dann wird er sauer.

JUNGENKLO

Ein Junge hat im Allgemeinen ein besseres räumliches Vorstellungsvermögen als ein Mädchen. In Gedanken einen dreidimensionalen Körper in einem dreidimensionalen Raum rotieren zu lassen, fällt ihm leichter als einem Mädchen. Vielleicht hat das mit der Tatsache zu tun, dass Jungen von Geburt an dreidimensional pinkeln. Auf jeden Fall sollte eine Mutter sehr schnell begreifen, dass ein kleiner Junge im Gegensatz zu einem Mädchen beim Pipimachen ausreichend Platz braucht. Ein Pimmelchen ist wie ein Wasserschlauch und wenn man ihn nicht festhält, bewegt er sich in alle Richtungen. Der Urinstrahl geht darum mal nach oben, mal nach unten, manchmal nach Osten, dann wieder nach Nord-Nordwest, genau in Mamas Gesicht. Das ist vielleicht gewöhnungsbedürftig, aber Jungenurin ist völlig harmlos. Davon wird man nicht krank. Es gibt sogar Leute, die behaupten, Urin sei gut für die Haut, weil er voller Vitamine und Mineralien ist. Wenn du mehr darüber wissen willst, kannst du im Internet mal die Begriffe »Urintherapie« oder »Urotherapie« eingeben.

Wenn du noch einen Jungen bekommen willst, musst du richtig essen. Eine Volksweisheit besagt, dass man einen Sohn kriegt, wenn man viel Salz isst. Darin liegt sicher ein Körnchen Wahrheit. Wissenschaftler der Universitäten in Oxford und Exeter veröffentlichten 2008 einen Artikel in »The Proceedings of the Royal Society«, in dem sie beschrieben haben, welchen Einfluss die Nahrung hat, die Frauen im Zeitraum der Befruchtung zu sich nehmen.

Die Forscher Fiona Mathews, Paul Johnson und Andrew Neil begleiteten 740 schwangere Frauen und hielten fest, was diese zum Zeitpunkt der Empfängnis und während ihrer Schwangerschaft aßen.

NOCH EIN JUNGE

Die Gruppe wurde dreigeteilt: gute Esser, normale Esser, schlechte Esser. Die Forscher fanden heraus, dass Frauen, die während der Zeit rund um die Befruchtung gut frühstückten, häufiger einen Jungen bekamen als Frauen, die wenig frühstückten. Von den guten Essern bekamen 56 Prozent einen Jungen, von den schlechten Essern nur 45 Prozent. Von den Frauen, die während der Empfängnisphase viel Cornflakes und andere Cerealien frühstückten, bekamen sogar 59 Prozent einen Jungen. In Cornflakes befinden sich neben Getreide auch viele Salze wie Kalium, Natrium und Kalzium.

Es ist schon länger bekannt, dass Tiere, wie Pferde und Rinder, mehr männliche Nachkommen haben, wenn sie gut im Futter stehen. Eine mögliche Erklärung ist, dass männliche Embryonen empfindlicher sind als weibliche und eine höhere Überlebenschance haben, wenn die Mütter gut ernährt sind.

HORO
SKOP

Skorpion

Skorpione sind verrückt nach Veränderungen. Pokémons, die sich weiterentwickeln, oder Roboter, die sich transformieren, ganz egal, Hauptsache, es findet eine Metamorphose statt. Skorpione sind keine großen Redner und tun manchmal sehr geheimnisvoll in Bezug auf vermeintlich mysteriöse Erd- oder Feuerkräfte. Bildet Jupiter ein Dreieck mit dem Mond, solltest du für gute Stimmung sorgen. Denk daran: Besser ein Loch in der Scheibe als ein Loch im Kopf.

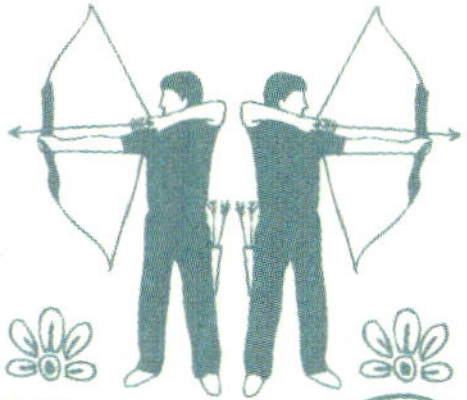

Schütze

Der Schütze ist ein sehr aufgeweckter Kerl. Aber Achtung! Mars und Sonne im Haus des Schützen können ein draufgängerisches Duo bilden. Und wenn Jupiter und Saturn auch noch im Quadrat zu Merkur stehen, sollte ein Arzt oder eine Krankenschwester schnell etwas Ritalin verschreiben. Du glaubst, so schlimm wird es nicht? Täusch dich nicht. Bedenke: In der Not frisst der Teufel Fliegen!

Eden Books
Ein Verlag der Edel Germany GmbH

www.edenbooks.de | www.facebook.com/edenbooksberlin | www.edel.com
1. Auflage 2013

Titel der Originalausgabe: Zoons!
Konzept: Snor Verlag
Text: Gerard Janssen
Endredaktion: Suzanne de Boer
Deutsche Übersetzung: Andrea Kirchhoff
Lektorat der deutschen Übersetzung: Caroline Kazianka

IMPRESSUM

Projektkoordination der deutschen Ausgabe: Nina Schumacher
Gestaltung und Illustration: Maartje Kuiper, www.maartjekuiper.nl
Druck: MKT Print d.d. Ljubljana

Printed in Slovenia

ISBN: 978-3-944296-34-0